Christoph Kunze

MaRisk-Compliance

Proportionale Anwendung im genossenschaftlichen Sektor

3. Auflage 2024

Redaktionsstand: November 2023

Bundesverband der Deutschen Volksbanken und Raiffeisenbanken e. V. · BVR, Berlin

Autor: RA Dr. Christoph Kunze

Satz und Gestaltung: DG Nexolution eG, Wiesbaden

Herstellung: WirmachenDruck.de, Backnang

Titelbild: © DG Nexolution eG

Bestell-Nr. 963 180 DG nexolution

ISBN 978-3-87151-326-8

Inhaltsverzeichnis

Vorwort

Mit der zum 1. Januar 2013 in Kraft getretenen MaRisk-Novelle wurden in Deutschland erstmals konkrete Vorgaben für eine sogenannte MaRisk-Compliance-Funktion aufgestellt, die Teil des internen Kontrollsystems ist. Die MaRisk-Compliance-Funktion hat vor allem die Aufgabe, Risiken entgegenzuwirken, die sich aus einer Nichteinhaltung rechtlicher Regelungen und Vorgaben ergeben können und die Geschäftsleitung eines Instituts bei der Implementierung entsprechender Vorschriften zu unterstützen. Durch die 6. MaRisk-Novelle vom 16. August 2021 wurden die Vorgaben zur MaRisk-Compliance jüngst erneut angepasst und modifiziert. Ferner wurden durch das Merkblatt der BaFin zu Nachhaltigkeitsrisiken Anforderungen für den Bereich MaRisk-Compliance aufgestellt. Auch die Auswirkungen von Finanzsanktionen auf die MaRisk-Compliance-Funktion werden erwähnt.

Das vorliegende Werk stellt systematisch geordnet die einzelnen Facetten der MaRisk-Compliance-Funktion dar und kann somit einerseits dem erfahrenen MaRisk-Compliance-Beauftragten als Nachschlagewerk dienen, eignet sich jedoch andererseits auch gerade als erste Übersicht für Neueinsteiger in diese Position und die Thematik. Daneben wird der aktuelle Stand der wesentlichen regulatorischen Anforderungen für den Bereich MaRisk-Compliance zum Zeitpunkt der Veröffentlichung abgebildet.

Neben einer Beschreibung der rechtlichen Basis der Regelungen wird vor allem auf Aufgaben, Befugnisse und organisatorische Ansiedlung der MaRisk-Compliance-Funktion sowie Möglichkeiten der Auslagerung eingegangen. Wo immer möglich werden dabei auch praktische Erfahrungen mit der Funktion aus den vergangenen Jahren eingearbeitet und die Arbeitshilfen, die im Verbund zur Verfügung stehen, beschrieben. Kernanliegen muss es dabei gerade im Hinblick auf die kleinen und mittleren Genossenschaftsbanken sein, das Proportionalitätsprinzip in den Vordergrund zu stellen und nicht alles, was technisch möglich und bei großen Instituten vielleicht auch angezeigt ist, als für alle Institute maßgebliche Best Practices heranzuziehen.

Berlin, im November 2023

Dr. Christoph Kunze

Abkürzungsverzeichnis

Abs.	Absatz
AT	allgemeiner Teil
BaFin	Bundesanstalt für Finanzdienstleistungsaufsicht
BCBS	Baseler Ausschuss für Bankenaufsicht
BGBl.	Bundesgesetzblatt
BI	BankInformation
BT	Besonderer Teil; auch Bundestag
bzw.	beziehungsweise
CRD	Kapitaladäquanzrichtlinie
Drs.	Drucksache
EBA	Europäische Bankenaufsichtsbehörde
ff.	folgende
FG	Fachgremium
ggf.	gegebenenfalls
GL	Guidelines
GwG	Geldwäschegesetz
IKS	Internes Kontrollsystem
i. S. d.	im Sinne der/des
i. S. v.	Im Sinne von
IT	Informationstechnik, Informationstechnologie

KWG	Kreditwesengesetz
MaComp	Mindestanforderungen an die Compliance-Funktion und die weiteren Verhaltens-, Organisations- und Transparenzpflichten nach §§ 31 ff. WpHG für Wertpapierdienstleistungsunternehmen
MaRisk	Mindestanforderungen an das Risikomanagement
Nr.	Nummer
lit.	littera (= Buchstabe)
S.	Seite
Tz.	Textziffer
u. a.	unter anderem
u. U.	unter Umständen
vgl.	vergleiche
WpHG	Wertpapierhandelsgesetz
WpHGMaAnzV	WpHG-Mitarbeiteranzeigeverordnung
z. B.	zum Beispiel
ZfgK	Zeitschrift für das gesamte Kreditwesen

1 Einführung

Bevor in den folgenden Kapiteln auf alle wesentlichen Aspekte der MaRisk-Compliance-Funktion eingegangen wird, sollen einführend zunächst Hintergründe der Regelungen und deren rechtliche Grundlagen dargestellt werden. Darüber hinaus soll im Rahmen der Einführung auch noch eine kurze Abgrenzung zu anderen Compliance-Bereichen vorgenommen werden.

1.1 Rechtliche Grundlagen der MaRisk-Compliance

Zwar findet sich der Kernbestand an Normen zur MaRisk-Compliance in den MaRisk selbst, insbesondere in Abschnitt AT 4.4.2. Dennoch ist die grundsätzliche Forderung nach dem Aufbau einer MaRisk-Compliance-Funktion bereits im Kreditwesengesetz (KWG) enthalten. Die dortige gesetzliche Regelung findet ihren Ursprung wiederum in Leitlinien der Europäischen Bankenaufsichtsbehörde (EBA) und auch in einschlägigen Veröffentlichungen des Baseler Ausschusses für Bankenaufsicht (BCBS).

1.1.1 KWG

Die gesetzliche Grundlage für Vorgaben, die sich auf eine „ganzheitliche“ Compliance richten, findet sich in § 25a Abs. 1 Satz 3 Nr. 3 lit. c) KWG. Wegen der Verankerung detaillierter Regelungen in den MaRisk und zur Abgrenzung gegenüber anderen Compliance-Bereichen (z. B. WpHG-Compliance, Geldwäscheverhinderung oder Datenschutz) wird diese Compliance auch als MaRisk-Compliance bezeichnet.

Die MaRisk-Compliance ist damit Teil verschiedener ineinandergreifender Pflichten. § 25a KWG regelt ganz allgemein besondere organisatorische Pflichten eines Instituts und schreibt vor, dass Institute über eine ordnungsgemäße Geschäftsorganisation verfügen müssen (§ 25a Abs. 1 Satz 1 KWG). Teil einer ordnungsgemäßen Geschäftsorganisation ist dabei ein angemessenes und wirksames Risikomanagement (§ 25a Abs. 1 Satz 3 KWG). Teil dieses Risikomanagements ist nach § 25a Abs. 1 Satz 3 Nr. 3 KWG wiederum die Einrichtung interner Kontrollverfahren mit einem internen Kontrollsystem (IKS). Zu diesem IKS gehört neben anderen Funktionen, wie etwa der Risikocontrolling-Funktion, auch eine Compliance-Funktion (§ 25a Abs. 1 Satz 3 Nr. 3 lit. c KWG).

Diese Compliance-Funktion wurde im Rahmen des CRD IV-Umsetzungsgesetzes vom 28. August 2013 (BGBl. I S. 3395) in § 25a KWG eingefügt. Ausweislich der Gesetzesbegründung[1] soll die Compliance-Funktion *„die institutsinternen Vorkehrungen zur Einhaltung der für das Institut wesentlichen rechtlichen Regelungen und Vorgaben bewerten, deren Qualität und Angemessenheit sichern und überwachen und die Geschäftsleiter bei der Ausgestaltung dieser institutsinternen Vorkehrungen unterstützen. Somit soll den Risiken, die sich aus der Nichteinhaltung der rechtlichen Regelungen und Vorgaben ergeben können, entgegengewirkt werden.“* Weiter wird in der Gesetzesbegründung speziell mit Bedeutung für kleinere Institute ausgeführt: *„Sowohl hinsichtlich der Compliance als auch des Risikocontrollings stellen die Begrifflichkeiten schwerpunktmäßig auf die funktionale Bedeutung ab; gerade bei kleineren Instituten sind eigenständige Organisationseinheiten zur Erfüllung dieser Aufgaben nicht obligatorisch.“*

Damit enthält die Gesetzesbegründung zwei entscheidende Weichenstellungen für den materiellen Inhalt der MaRisk-Compliance und deren organisatorischer Implementierung im Institut: Inhaltlich geht es der MaRisk-Compliance ganz allgemein um die Reduzierung von Risiken aus einer etwaigen, auch gänzlich unbewussten oder fahrlässigen Nichteinhaltung rechtlicher Regelungen und Vorgaben. Organisatorisch soll mit Blick auf die Einrichtung der MaRisk-Compliance-Funktion das Proportionalitätsprinzip für kleinere Institute, wie etwa prinzipiell für genossenschaftliche Ortsbanken, gewahrt werden. Gerade letzterer Aspekt ist bei der Auslegung aller konkretisierenden Vorschriften der Compliance-Funktion in den MaRisk von besonders hervorgehobener Bedeutung für die Praxis.

---

1 BT-Drs. 17/10974.

1.1.2 MaRisk

Parallel zur Einfügung der gesetzlichen Grundlage für die Compliance in das KWG wurden im Rahmen einer Neufassung der MaRisk, dort in Abschnitt AT 4.4.2, detaillierte Vorgaben für eine derartige MaRisk-Compliance aufgestellt, die zum 1. Januar 2013 in Kraft getreten sind und grundsätzlich bis zum 31. Dezember 2013 umzusetzen waren. Diese Vorgaben betreffen neben Aufgaben, Befugnissen und Rechten der MaRisk-Compliance-Funktion, deren organisatorische Ansiedlung und Verankerung im Institut, die Verpflichtung zur Benennung eines MaRisk-Compliance-Beauftragten sowie spezifische Vorgaben zur Auslagerung der MaRisk-Compliance-Funktion. Über das eigentliche Ziel der Reduzierung von Risiken, die sich aus der Nichteinhaltung rechtlicher Regelungen und Vorgaben ergeben können, soll mit der MaRisk-Compliance-Funktion nach Auffassung der BaFin auch *„ein wichtiger Baustein zur Förderung einer einheitlichen Compliance-Kultur im Institut“*[1] gelegt werden. Diese Erwägung der BaFin dürfte allerdings eher für größere, komplexere und deshalb organisatorisch weniger transparente Institute und nur in geringem Umfang für kleinere Institute von Bedeutung sein.

Am 16. August 2021 wurde die 6. MaRisk-Novelle veröffentlicht. Durch entsprechende Verweise auf die EBA-Guidelines on Internal Governance (EBA/GL/2017/11) wird für AT 4.4.2 Tz. 4 MaRisk zur eigenständigen Compliance-Einheit klargestellt, dass die MaRisk insofern der Aufsichtspraxis im SSM folgen. Der Aufsicht geht es überdies darum, Interessenskonflikte innerhalb der Compliance-Funktion zu vermeiden und somit operative und überwachende Tätigkeiten zu trennen. In Reaktion auf die intensive Diskussion im Fachgremium MaRisk hinsichtlich einer denkbaren Zuordnung einzelner Kontrollbereiche und einzelner Beauftragter zur Compliance-Funktion, hat sich die Aufsicht dafür entschieden, von der in der Konsultationsfassung geübten exemplarischen Aufzählung von nicht zulässigen Kombinationen in AT 4.4.2 Tz. 4 MaRisk abzusehen. Daher wird neben dem Hinweis auf die in jedem Fall zulässigen Funktionen (WpHG-Compliance, Geldwäschebeauftragter, Informationssicherheitsbeauftragter, Datenschutz) nur mehr auf das allgemeine Prinzip verwiesen, wonach nur (reine) Kontrolleinheiten bei der Compliance-Funktion angesiedelt werden können.

1 BaFin, Protokoll zur Sitzung des FG MaRisk am 24. April 2013 in Bonn, Abschnitt 2.

1.1.3 BaFin-Merkblatt zum Umgang mit Nachhaltigkeitsrisiken

Das BaFin-Merkblatt als Kompendium unverbindlicher Verfahrensweisen gibt Orientierungshilfen, die unter Berücksichtigung des Proportionalitätsprinzips von den Banken angewendet werden können. Unter Ziffer 5.9 wird auf die Compliance-Funktion verwiesen.

Compliance-Funktion

BaFin-Merkblatt	Hinweis
Die Compliance-Funktion sollte ihre Aufgaben i. S. d. MaRisk, MaGo und KAMaRisk auch mit Blick auf die rechtlichen Anforderungen zur Nachhaltigkeit von Unternehmen des Finanzsektors ausführen.	Die MaRisk-Compliance-Funktion überprüft zukünftig risikoorientiert die wesentlichen rechtlichen Anforderungen zur Nachhaltigkeit im jeweiligen Unternehmen des Finanzsektors. Die erweiterten Anforderungen sind durch Schulungen der Mitarbeiter von Compliance sicherzustellen.

1.1.4 Leitfaden zu Klima- und Umweltrisiken (EZB)

Ziff. 5.3 Organisationsstruktur **Erwartung 5.5** **Institute sollten die Aufgaben und Zuständigkeiten der Compliance-Funktion festlegen; dabei ist sicherzustellen, dass aus Klima- und Umweltrisiken resultierende Haftungsrisiken bei allen maßgeblichen Prozessen gebührend berücksichtigt und wirksam in sie integriert werden.** Die Compliance-Funktion sollte das Leitungsorgan zu Maßnahmen beraten, die ergriffen werden müssen, um die Einhaltung der anwendbaren Rechtsvorschriften, Regeln, Verordnungen und Standards zu gewährleisten. Weiterhin sollte sie prüfen, welche Auswirkungen Änderungen des rechtlichen oder regulatorischen Umfelds auf die Geschäftstätigkeit des Instituts und auf dessen Compliance-Rahmenwerk haben könnten. Da sich Nachhaltigkeitsregeln und -standards im Laufe der Zeit ändern können, sind Institute möglicherweise	Handlungsempfehlung: ▷ Welche zusätzlichen Prüfungen sind erforderlich/Welche zusätzlichen Aufgaben? ▷ Verweis auf MaRisk-Tabelle ▷ Vorstellung im nächsten Termin des TP 4 ▷ Besteht eine Prüfungspflicht ob der Validität der zugelieferten Nachhaltigkeitsdaten? Wer trägt die Verantwortung für falsche Prognosen (z. B. bzgl. Extrem-Wetterereignissen)?

zunehmend mit klima- und umweltbedingten Compliance-Risiken konfrontiert.	

1.1.5 Europäische und internationale Vorgaben

1.1.5.1 Vorgaben der Europäischen Bankenaufsichtsbehörde (EBA)

Die Aufnahme der Regelungen zur Compliance-Funktion in § 25a KWG und in die MaRisk basiert im Wesentlichen auf den Leitlinien zur Internen Governance (GL 44)[1] der Europäischen Bankenaufsichtsbehörde EBA vom September 2011, deren überarbeitete Fassung im September 2017 veröffentlicht wurde.[2] In den überarbeiteten Leitlinien, die ab dem 30. Juni 2018 angewandt werden sollen, wird dargelegt, was die EBA unter angemessenen Aufsichtspraktiken versteht. Die überarbeiteten Leitlinien enthalten dabei im Wesentlichen die folgenden, kurzen Ausführungen zu einer Compliance-Funktion nach dem Verständnis der MaRisk:

- ▷ Ein Institut sollte eine ständige und effektive Compliance-Funktion einrichten, um Compliance-Risiken[3] zu steuern und eine Person benennen, die für diese Funktion im gesamten Institut zuständig ist („Compliance-Beauftragte").
- ▷ In Fällen, in denen kein Vollzeit-Compliance-Beauftragter erforderlich ist, kann dessen Aufgabe unter Proportionalitätsaspekten auch mit der Risikomanagementfunktion kombiniert oder von anderen leitenden Personen (Leiter Recht) ausgeführt werden, sofern keine Interessenkonflikte zwischen den verschiedenen Funktionen bestehen.
- ▷ Die Compliance-Funktion, einschließlich des Compliance-Beauftragten, sollte unabhängig von den Geschäfts- bzw. Markt- und Handelsbereichen sein und über ausreichende Befugnisse und Ressourcen verfügen. Unter Berücksichtigung von Proportionalitätsaspekten kann die Compliance-Funk-

1 EBA Guidelines on Internal Governance (GL 44) vom 27. September 2011.

2 EBA/GL/2017/11 vom 26. September 2017.

3 Als Compliance-Risiko versteht die EBA ein bestehendes oder künftiges Ertrags- oder Kapitalrisiko infolge von Verletzungen oder der Nichteinhaltung von Gesetzen, Vorschriften, Rechtsvorschriften, Vereinbarungen, vorgeschriebenen Praktiken oder ethischen Standards, welches zu Geldstrafen, Schadenersatz und/oder zur Nichtigkeit von Verträgen führen und den Ruf eines Instituts schädigen kann.

tion von der Risikomanagementfunktion unterstützt oder mit dieser oder anderen geeigneten Funktionen (z. B. Recht oder Personal) verbunden werden.

- Die Mitarbeiter der Compliance-Funktion sollten ausreichende Kenntnisse, Fähigkeiten und Erfahrungen in Bezug auf Compliance und relevante Prozesse besitzen und Zugang zu regelmäßigen Fortbildungen haben.
- Das Leitungsorgan des Instituts mit Aufsichtsfunktion (Aufsichtsrat) sollte die Implementierung eines umfassend dokumentierten Compliance-Regelwerks, das den Mitarbeitern kommuniziert wird, überwachen. Es sollten Prozesse eingerichtet werden, die eine regelmäßige Bewertung gesetzlicher und regulatorischer Änderungen mit Bezug auf die Geschäftsaktivitäten des Instituts beinhalten.
- Die Compliance-Funktion sollte das Leitungsorgan im Hinblick auf zu ergreifende Maßnahmen beraten, um die Einhaltung anwendbarer Gesetze, Vorschriften, Rechtsvorschriften und Standards sicherzustellen und die möglichen Auswirkungen von Änderungen im rechtlichen oder ordnungspolitischen Umfeld auf die Geschäftstätigkeit des Instituts und dessen Compliance-Regelwerk zu bewerten.
- Die Compliance-Funktion sollte sicherstellen, dass das Compliance-Monitoring auf Basis eines strukturierten und klar definierten Compliance-Monitoring-Programms erfolgt und die Compliance-Regelwerke beachtet werden. Die Compliance-Funktion sollte dem Leitungsorgan berichten und sich mit der Risikomanagementfunktion über die Compliance-Risiken des Instituts und deren Management austauschen. Die Compliance-Funktion und die Risikomanagementfunktion sollten zusammenarbeiten und Informationen austauschen, um ihre jeweiligen Funktionen zu erfüllen. Die Erkenntnisse der Compliance-Funktion sollten vom Leitungsorgan und der Risikomanagementfunktion in Entscheidungsprozessen berücksichtigt werden.
- Die Compliance-Funktion sollte in enger Zusammenarbeit mit der Risikomanagementfunktion und dem Rechtsbereich überprüfen, dass neue Produkte (Neu-Produkt-Prozess) und neue Verfahren mit dem derzeitigen rechtlichen Umfeld sowie mit bekannten bevorstehenden Änderungen von Gesetzen, Rechtsvorschriften und aufsichtlichen Anforderungen in Einklang stehen.
- Institute sollten geeignete Maßnahmen gegen in- und externes betrügerisches Verhalten sowie Verstöße gegen Vorschriften (z. B. Verstöße gegen interne Verfahren oder Limite) ergreifen. Darüber hinaus enthalten die finalen Vorgaben der EBA an verschiedenen Stellen weitere Detailregelungen zur Compliance-Funktion.

Mit dem vorstehenden Pflichtenkanon gehen die überarbeiteten Leitlinien spürbar über die Leitlinien der EBA vom September 2011 hinaus. Zwar sind einige Konkretisierungen von Aufgaben und Berichtspflichten bereits Gegenstand der MaRisk oder – wie Maßnahmen gegen betrügerische Handlungen – bereits seit Jahren durch § 25h KWG abgedeckt. Allerdings finden sich in den bestehenden gesetzlichen Vorgaben und der Verwaltungspraxis der BaFin, namentlich den MaRisk, bisher z. B. keine ausdrücklichen Pflichten zur Anfertigung und Bekanntmachung eines umfassenden MaRisk-Compliance-Regelwerks oder zur Durchführung eines MaRisk-Compliance-Monitoring-Programms. Die überarbeiteten Leitlinien nehmen zwar einerseits an einigen Stellen ausdrücklich auf Proportionalitätsaspekte Bezug, orientieren sich aber andererseits offenkundig an Notwendigkeiten und Best Practices von großen und systemrelevanten Instituten, bei denen derartige Policies und Programme bereits seit Jahren, und für Institute dieser Größe auch richtigerweise, die Regel sind.

Für kleinere, wenig komplexe Institute drängt sich hingegen beispielsweise die Frage der Sinnhaftigkeit solcher Compliance-Monitoring-Programme im Rahmen der MaRisk-Compliance auf. Zwar führen die überarbeiteten Guidelines unter Tz. 1 aus, dass sowohl zuständige Aufsichtsbehörden als auch Institute Anstrengungen unternehmen müssen, um die Vorgaben der Leitlinien zu erfüllen. Tz. 2 der Leitlinien konkretisiert aber, dass zuständige Aufsichtsbehörden die Anforderungen erst in ihre jeweilige Aufsichtspraxis, z. B. durch Änderung rechtlicher Rahmenwerke oder aufsichtlicher Prozesse, integrieren müssen. Vor diesem Hintergrund sollte gerade aus der Perspektive kleinerer Institute zunächst abgewartet werden, ob derartige Pflichten durch die nationale Aufsicht, etwa durch erneute Anpassungen der MaRisk, in die Aufsichtspraxis unterschiedslos für alle Institute übernommen werden, bevor vorauseilend Maßnahmen ergriffen werden. Die BaFin hat zwar mit einer Meldung vom 15. Februar 2018 mitgeteilt, u. a. alle Leitlinien der Europäischen Aufsichtsbehörden in ihre Verwaltungspraxis zu übernehmen, sofern sie nicht ausdrücklich die Nichtübernahme auf ihrer Internetseite erklärt. Ungeklärt ist aber trotz dieser Meldung das Verhältnis zwischen den Vorgaben der MaRisk und Leitlinien der EBA, sofern Abweichungen bestehen, zumal es bisher üblich war, vor Anwendung einschlägiger und zusätzlicher Anforderungen zunächst die MaRisk entsprechend anzupassen.

1.1.5.2 Vorgaben des Baseler Ausschusses für Bankenaufsicht (BCBS)

Neben der EBA hat sich auch der Baseler Ausschuss für Bankenaufsicht (BCBS) bereits im Jahr 2005 der Compliance-Thematik in Banken angenommen.[1] In dem Papier wurden vom BCBS zehn Prinzipien zur Compliance-Funktion in Banken festgelegt, die u. a. die Verantwortlichkeit der Geschäftsleitung und des Senior Management für die Compliance-Funktion, die Unabhängigkeit der Compliance-Funktion, die der Compliance-Funktion zur Verfügung zu stellenden Ressourcen und deren Verantwortlichkeiten, die Abgrenzung zur Internen Revision sowie Fragen der Auslagerung zum Gegenstand haben. Die Bedeutung der Compliance-Funktion wurde vom BCBS auch im Juli 2015 noch einmal im Rahmen der Leitlinien des BCBS zu Grundsätzen der Unternehmensführung in Banken unterstrichen.[2]

1.2 Abgrenzung zu anderen Compliance- und Kontrollbereichen

Von Anfang an bereitete die Frage der Abgrenzung der MaRisk-Compliance-Funktion zu anderen bereits existierenden, im Hinblick auf Einzelthemen spezialisierte Compliance-Funktionen, wie z. B. der WpHG-Compliance sowie der Funktionen zur Verhinderung von Geldwäsche, Terrorismusfinanzierung und sonstiger strafbarer Handlungen zulasten des Instituts, ggf. auch im Rahmen der sogenannten zentralen Stelle (vgl. § 25h Abs. 7 KWG), sowie dem Datenschutzbeauftragten, aber auch zu anderen Kontrollbereichen wie der Internen Revision oder dem Risikocontrolling, Schwierigkeiten. Dabei geht es hier zunächst nur um die inhaltliche bzw. fachliche Abgrenzung der Aufgabenbereiche. Fragen der organisatorischen Ansiedlung und Abgrenzung werden in Kapitel 4 (Organisatorische Ansiedlung der MaRisk-Compliance-Funktion) aufgegriffen.

1.2.1 Abgrenzung zu anderen Compliance-Bereichen

Da bereits diverse dem allgemeinen Compliance-Begriff unterfallende Bereiche vor Einführung der MaRisk-Compliance-Funktion bestanden, die letztlich auch die Einhaltung rechtlicher Regelungen und Vorgaben sicherstellen, ergaben

1 BCBS, Compliance and the compliance function in banks, April 2005; vgl. ferner BCBS, Implementation of the compliance principles, August 2008.

2 BCBS, Guidelines Corporate governance principles for banks, Principle 9 (Seite 31).

sich zunächst Unsicherheiten, wie diese speziellen Compliance-Bereiche sich zur MaRisk-Compliance-Funktion verhalten. Bei der MaRisk-Compliance-Funktion handelt es sich um eine die speziellen Compliance-Funktionen bzw. -Bereiche ergänzende Funktion, die ganz allgemein und umfassend das Auftreten von Regelungslücken im Institut verhindern und zugleich eine – über die verschiedenen Compliance-Bereiche hinweg – einheitliche Compliance-Kultur im Institut fördern soll.

Unter der Verhinderung von Regelungslücken ist dabei zu verstehen, dass keine Rechtsbereiche bestehen, in denen zwar Handlungsbedarf vorliegt, aber mangels eindeutiger Zuständigkeiten nichts unternommen wird.[1] Die MaRisk-Compliance-Funktion ist daher keine Superkontroll- oder Superrevisionsinstanz für die anderen Compliance-Funktionen. Vielmehr kommt ihr eine beratende und koordinierende Aufgabe allgemein im Institut zu. Auch wenn eine Bündelung der verschiedenen Compliance-Funktionen in einer Gesamtfunktion oder einer Person denkbar, wenngleich keineswegs zwingend ist, bleiben spezialgesetzliche Anforderungen für andere Compliance-Funktionen uneingeschränkt bestehen. Auch diese anderen Compliance-Funktionen befassen sich unstreitig mit wesentlichen rechtlichen Regelungen und Vorgaben. Da damit aber bereits spezielle Compliance-Funktionen bestehen, die Bereiche der relevanten Risiken der MaRisk-Compliance-Funktion im Blick haben, relativiert sich die Zuständigkeit der MaRisk-Compliance-Funktion gerade in der Praxis kleiner und mittlerer Institute insoweit faktisch bzw. tritt mit Blick auf diese betroffenen Teilbereiche, besonders bei Personenverschiedenheit, hinter die spezielleren Compliance-Funktionen zurück. Gleiches kann bei Themen gelten, für die im Institut gerade themenspezifische Expertise vorhanden ist.

1.2.2 Abgrenzung zu anderen Kontrollbereichen

Etwas klarer als die fachliche Abgrenzung der Tätigkeit und Aufgaben der MaRisk-Compliance-Funktion zu anderen Compliance-Funktionen stellt sich die Abgrenzung zu Tätigkeiten und Aufgaben anderer Kontrollbereiche dar. Ausgangspunkt ist dabei das Modell der sogenannten drei Verteidigungslinien.

Auf der ersten Verteidigungslinie operieren die Fach- bzw. Geschäftsbereiche. Deren Aufgabe ist es – wie es auch in der Struktur der MaRisk-Compliance-Funktion erkennbar ist – zunächst einmal selbst, also im eigenen Bereich, die Einhaltung rechtlicher Regelungen und Vorgaben sicherzustellen und zu kontrollieren. Auf der dritten Verteidigungslinie agiert die Interne Revision, die die

1 BaFin, Protokoll zur Sitzung des FG MaRisk am 24. April 2013 in Bonn, Abschnitt 4.

Einhaltung der (institutsinternen) Regelungen und deren Angemessenheit prüft. Als Teil des internen Kontrollsystems ist die auf der zweiten Verteidigungslinie tätige MaRisk-Compliance-Funktion Gegenstand der Überprüfungshandlungen der Internen Revision (vgl. AT 4.4.3 Tz. 3 MaRisk). Das Tätigkeitsspektrum der Internen Revision ist nämlich weiter gefasst als das der MaRisk-Compliance-Funktion. Die Interne Revision überprüft nicht nur prozessunabhängig das interne Kontrollsystem und das Risikomanagement, sondern darüber hinaus grundsätzlich alle Aktivitäten und Prozesse im Institut (AT 4.4.3 Tz. 3 MaRisk). Demgegenüber wirkt die MaRisk-Compliance-Funktion prozessabhängig (lediglich) auf die Einhaltung aller wesentlichen rechtlichen Regelungen und Vorgaben hin und reduziert somit speziell daraus resultierende Risiken. Dies unterscheidet die MaRisk-Compliance-Funktion auch vom ebenfalls auf der zweiten Verteidigungslinie angesiedelten Risikocontrolling, welches im umfassenden Sinne für die Überwachung und Kommunikation von Risiken, mithin z. B. auch Solvenz- oder Liquiditätsrisiken, verantwortlich ist. Die MaRisk-Compliance-Funktion, ist also für ein Spezialrisiko die gegenüber dem Risikocontrolling spezieller zuständige Funktion. Gerade mit Blick auf das Verhältnis von MaRisk-Compliance-Funktion und dem Risikocontrolling hat die BaFin dann auch ausgeführt, dass die MaRisk-Compliance-Funktion bei entsprechenden rechtlichen Regelungen und Vorgaben, die das Risikocontrolling betreffen, auf den Einschätzungen und Bewertungen dieser Einheit aufsetzen und eigene Aktivitäten (weitestgehend) zurückstellen oder darauf (weitestgehend) verzichten könne.[1]

Im Hinblick auf einen eventuell vorhandenen internen Rechtsbereich oder externe Rechtsberater einschließlich der Regionalverbände ist in diesem Zusammenhang zu konstatieren, dass dieser und nicht etwa die MaRisk-Compliance-Funktion für die Beantwortung rechtlicher Fragestellungen zuständig bleibt.

Interessenkonflikte sollten in Bezug auf operative und überwachende Tätigkeiten vermieden werden.[2] Die BaFin hat insoweit deutlich gemacht, dass reine Kontrolleinheiten bei der Compliance-Funktion zugeordnet werden können.[3]

1 BaFin, Protokoll zur Sitzung des FG MaRisk am 24. April 2013 in Bonn, Abschnitt 3.

2 Schulte-Mattler/Schulte-Mattler, Die 6. MaRisk-Novelle im Überblick, WM 2022, S. 11.

3 Schulte-Mattler/Schulte-Mattler, Die 6. MaRisk-Novelle im Überblick, WM 2022, S. 11.

2 Aufgaben der MaRisk-Compliance-Funktion

Kernaufgabe der MaRisk-Compliance-Funktion ist es, wesentliche rechtliche Regelungen und Vorgaben mit einem Compliance-Risiko zu identifizieren und den Risiken, die sich aus deren Nichteinhaltung ergeben können, entgegenzuwirken. Spezielle sich aus diesem Arbeitsauftrag ableitende Aufgaben sind weitgehend in Abschnitt AT 4.4.2 MaRisk vorgegeben. Darüber hinaus sind auch in anderen Abschnitten der MaRisk, etwa in AT 8.1 Tz. 5 oder AT 8.2 Tz. 1 mit der Einbindung in den Neu-Produkt-Prozess oder der Änderung betrieblicher Prozesse, weitere Aufgaben erwähnt.

2.1 Implementierung wirksamer Verfahren (AT 4.4.2 Tz. 1, AT 5 Tz. 3)

Die Compliance-Funktion hat zunächst auf die Implementierung wirksamer Verfahren zur Einhaltung der für das Institut wesentlichen rechtlichen Regelungen und Vorgaben hinzuwirken, um den aus der Nichteinhaltung dieser Regelungen erwachsenden Compliance-Risiken entgegenzuwirken. Dadurch, dass die MaRisk-Compliance-Funktion nur auf die Implementierung *„hinzuwirken"* hat, wird zum Ausdruck gebracht, dass die Implementierung von wirksamen Verfahren zur Einhaltung wesentlicher rechtlicher Regelungen und Vorgaben und damit auch deren Einhaltung selbst in der Verantwortung der betroffenen Fachbereiche verbleibt.[1] Die MaRisk-Compliance-Funktion hat demnach eine eher koordinierende, beratende Aufgabe und achtet somit darauf, dass die jeweiligen Fachbereiche ihrer Verantwortung auch tatsächlich nachkommen und keine wesent-

1 BaFin, Protokoll zur Sitzung des FG MaRisk am 24. April 2013 in Bonn, Abschnitt 4; vgl. auch Erläuterungen der BaFin zu AT 4.4.2 Tz. 1 MaRisk.

lichen rechtlichen Regelungen und Vorgaben ohne Zuständigkeit im Institut verbleiben.[1] Dies erfordern nicht nur die speziellen Bestimmungen zur MaRisk-Compliance-Funktion in den MaRisk, sondern auch bereits allgemeinere Regelungen in AT 5 Tz. 3 MaRisk, wonach die vom Institut vorzuhaltenden Organisationsrichtlinien auch Regelungen enthalten müssen, die die Aufgabenzuweisung und Kompetenzordnung (AT 5 Tz. 3 lit. a) MaRisk) sowie die Einhaltung rechtlicher Regelungen und Vorgaben (AT 5 Tz. 3 lit. e) MaRisk) betreffen. Die MaRisk-Compliance-Funktion wird stets tätig werden müssen, wenn sie von Verstößen gegen rechtliche Regelungen und Vorgaben Kenntnis erlangt oder sich ein solcher Verdacht aufdrängt *(„entgegenzuwirken")*. Um dieser Aufgabe nachzukommen, bietet es sich an, bereits im Rahmen der regelmäßig vorzunehmenden Identifizierung der wesentlichen rechtlichen Regelungen und Vorgaben (vgl. Kapitel 2.4 sowie AT 4.4.2 Tz. 2 MaRisk) unmittelbar die institutsinterne Zuständigkeit für die identifizierten rechtlichen Regelungen und Vorgaben und ggf. Inkrafttretens- oder Umsetzungsfristen für anstehende rechtliche Änderungen festzuhalten, wie dies auch in der vom BVR regelmäßig zur Verfügung gestellten Musterbestandsaufnahme vorgesehen ist.

Als Verfahren zur Einhaltung der für das Institut wesentlichen rechtlichen Regelungen und Vorgaben kommen – lediglich beispielhaft – in Betracht:

- Information der zuständigen Fachbereiche im Haus über rechtliche Änderungen und deren Umsetzungsdaten durch Rundschreiben des BVR sowie des zuständigen Regional-, Sparten- und Prüfungsverbandes;
- Bestehen einer institutsintern verantwortlichen Stelle (z. B. MaRisk-Compliance-Funktion, Vorstand, Vorstandsstab) zur Verteilung der Rundschreiben an die im Institut verantwortlichen Fachbereiche;
- Einsatz jeweils aktueller Geschäftsbedingungen, Formulare, Musterverträge, Arbeitsanweisungen die von Gremien des BVR, der Prüfungsverbände etc. erstellt und aktuell gehalten werden;
- Verwendung eines agree21-EFW-Abonnements zum Bezug neuer und aktualisierter Formulare;
- Beobachtung und Umsetzung relevanter rechtlicher Regelungen und Vorgaben durch spezifische Compliance-Funktionen, namentlich den WpHG-Compliance-Beauftragten, Geldwäsche-Beauftragten bzw. die Zentrale Stelle, den Datenschutzbeauftragten und darüber hinaus durch das Risikocontrolling, die interne oder externe Rechtsstelle sowie die übrigen Fachbereiche;

1 BaFin, Protokoll zur Sitzung des FG MaRisk am 24. April 2013 in Bonn, Abschnitt 4.

- Teilnahme von Mitarbeitern an internen und externen Fort- und Weiterbildungen, Schulungen und Veranstaltungen zu aktuell anstehenden Themen aus den jeweiligen Geschäftsbereichen;
- Vier-Augen-Prinzip;
- Arbeitsanweisungen mit entsprechenden Berichtspflichten gegenüber der Geschäftsleitung über die fristgerechte Umsetzung neuer rechtlicher Regelungen;
- Bestehende interne Kompetenzzuweisungen und Kontrollmechanismen in Organisationsrichtlinien;
- Informationspflichten über rechtliche Änderungen, Projekte, erfolgte Umsetzungen an MaRisk-Compliance-Beauftragten;
- Listen mit bestehenden und anstehenden rechtlichen Regelungen und Vorgaben sowie deren Umsetzungsstand (etwa in Form der Musterbestandsaufnahme des BVR);
- Auswertung von Berichten der Internen Revision, Schadenfall- und Beschwerdedatenbanken.

2.2 Kontrollen (AT 4.4.2 Tz. 1)

AT 4.4.2 Tz. 1 Satz 2 MaRisk verpflichtet die MaRisk-Compliance-Funktion nicht nur dazu, auf die Implementierung wirksamer Verfahren zur Einhaltung der für das Institut wesentlichen rechtlichen Regelungen und Vorgaben (vgl. dazu Kapitel 2.1) hinzuwirken, sondern ferner auch darauf, auf entsprechende Kontrollen hinzuwirken. Der Formulierung, nach der die MaRisk-Compliance-Funktion auf entsprechende Kontrollen *„hinzuwirken“* habe, lässt sich wohl kaum eine eigene, laufende rechtliche Kontrollpflicht oder die Schaffung eigener Monitoring-Programme der MaRisk-Compliance-Funktion entnehmen.[1] Vielmehr bleibt die Implementierung wirksamer Verfahren zur Einhaltung wesentlicher gesetzlicher Regelungen und Verfahren primär in der Verantwortung der jeweils betroffenen Fachbereiche.[2] Zu derartigen wirksamen Verfahren ist demnach also auch eine vornehmlich fachbereichsinterne Kontrolle zu zählen, deren Ergebnisse der MaRisk-Compliance-Funktion mitgeteilt werden könnten. Ungeachtet

1 In der Praxis ist das Ob und ein etwaiger Umfang von Kontrollen durch die MaRisk-Compliance-Funktion umstritten, vgl. z. B. Stränger, Banken-Times Klassik, Ausgabe März 2017, S. 14 f.; Büll, Banken-Times Spezial Geschäftsleitung, Ausgabe Juli/August 2016, S. 24 f.

2 BaFin, Protokoll zur Sitzung des FG MaRisk am 24. April 2013 in Bonn, Abschnitt 4; vgl. auch Erläuterungen der BaFin zu AT 4.4.2 Tz. 1 MaRisk.

dessen hält es die BaFin für erforderlich, dass die MaRisk-Compliance-Funktion zumindest Kontrollen durchführen können muss und entsprechende Rechte auch eingeräumt bekommt, wobei der tatsächliche Umfang von Kontrollhandlungen von der BaFin nicht vorgegeben wird, sondern im Ermessen der Institute steht.[1]

Unter Zugrundelegung dieser dem Wortlaut der MaRisk eigentlich nicht zu entnehmenden Schaffung von Möglichkeiten für eigene Kontrollhandlungen der MaRisk-Compliance-Funktion stellen sich die Fragen nach dem Inhalt etwaiger Kontrollhandlungen und der Festlegung deren tatsächlichen Umfangs. Im Hinblick auf den Inhalt möglicher Kontrollhandlungen ist zunächst festzuhalten, dass es weder rechtlich gefordert noch, gerade bei kleinen und mittleren Instituten, aus praktischen Gründen möglich sein wird, dass die MaRisk-Compliance-Funktion materielle Kontrollen wahrnimmt, die die korrekte materielle Einhaltung wesentlicher rechtlicher Regelungen und Vorgaben umfasst bzw. bestätigt. Die MaRisk-Compliance-Funktion ist gerade keine Superkontroll- oder Superrevisionsinstanz. Sofern Kontrollen oder Überwachungen durchgeführt werden, geht es insoweit eher um Feststellungen zur

- ▷ Definition interner Zuständigkeiten (z. B. auch im Rahmen interner Organisations- und Kompetenzzuweisungen);
- ▷ Einrichtung entsprechender Verfahren und Prozesse (vgl. bereits oben unter Kapitel 2.1);
- ▷ Existenz von Kontrollmechanismen;
- ▷ Umsetzung etwaiger rechtlicher Änderungen;
- ▷ Prüfung sonstiger relevanter Auffälligkeiten.

Gegenstand einer solchen Kontrolle ist daher letztlich die generelle Überwachungsfrage, ob die Fachbereiche ihrer Verantwortung auch tatsächlich nachkommen. Die Durchführung von Prüfungen im engeren Sinne ist und bleibt hingegen Aufgabe der Internen Revision.[2] Die Festlegung des Umfangs ggf. durchzuführender Überwachungshandlungen verbleibt in der Eigenverantwortung des Instituts, wobei gerade bei kleinen und mittleren Instituten mit einfachen, wenig komplexen Strukturen und übersichtlichen Fachbereichen sicherlich zurückhaltender von derartigen Rechten Gebrauch gemacht werden kann. Bei Verstößen oder Verdacht auf Verstöße ist aber eine Kontrolle durch die MaRisk-

1 BaFin, Protokoll zur Sitzung des FG MaRisk am 24. April 2013 in Bonn, Abschnitt 4.

2 BaFin, Anschreiben an die Verbände der Kreditwirtschaft zur Veröffentlichung der Endfassung der MaRisk-Novelle 2012 vom 14. Dezember 2012, S. 5.

Compliance-Funktion geboten. Sofern die verschiedenen Compliance-Funktionen im Institut gebündelt sind, bleiben selbstverständlich spezialgesetzliche Kontroll- bzw. Überwachungspflichten bestehen, wie etwa bei der WpHG-Compliance die Überwachungsaufgaben nach BT 1.3.2.1 MaComp.

Der konkrete Handlungsbedarf wird von dem betroffenen Geschäftsbereich, nicht von der MaRisk-Compliance-Funktion festgelegt. Für die Beantwortung rechtlicher Fragestellungen bleibt der Rechtsbereich, soweit vorhanden, ansonsten der externe Rechtsberater der Bank (bspw. der zuständige Regionalverband) zuständig. Es empfiehlt sich, mit dem eigenen Rechtsbereich und bei Personenverschiedenheit auch mit den übrigen Compliance-Funktionen eine Abstimmung/Abgrenzung der jeweiligen Zuständigkeiten vorzunehmen.

2.3 Unterstützung der Geschäftsleitung (AT 4.4.2 Tz. 1)

Nach AT 4.4.2 Tz. 1 Satz 3 MaRisk hat die MaRisk-Compliance-Funktion die Geschäftsleitung hinsichtlich der Einhaltung wesentlicher rechtlicher Regelungen und Vorgaben, aus denen sich relevante Compliance-Risiken ergeben können, zu unterstützen und zu beraten. Diese unterstützende und beratende Aufgabe übt die MaRisk-Compliance-Funktion im Wesentlichen durch den gegenüber der Geschäftsleitung abzugebenden jährlichen Bericht sowie ggf. anlassbezogene Berichte aus. Dazu zählt letztlich auch die regelmäßig vorzunehmende Identifizierung der wesentlichen rechtlichen Regelungen und Vorgaben. So formulieren die überarbeiteten EBA-Leitlinien zur Internen Governance nämlich, dass die Compliance-Funktion das Leitungsorgan im Hinblick auf zu ergreifende Maßnahmen berät, um die Einhaltung anwendbarer Gesetze, Vorschriften, Rechtsvorschriften und Standards sicherzustellen. Über die Berichtspflichten hinaus steht die MaRisk-Compliance-Funktion, regelmäßig in Gestalt des MaRisk-Compliance-Beauftragten, der Geschäftsleitung jederzeit für Fragen zur Verfügung. Ungeachtet der beratenden und unterstützenden Aufgaben der MaRisk-Compliance-Funktion bleibt die Geschäftsleitung für die Einhaltung rechtlicher Regelungen und Vorgaben uneingeschränkt verantwortlich (Erläuterung der BaFin zu AT 4.4.2 Tz. 1 MaRisk). Den die Geschäftsleitung beratenden und unterstützenden Aufgaben der MaRisk-Compliance-Funktion kommt dabei auch deshalb besonderes Gewicht zu, da die Geschäftsleitung nach §§ 54a, 25c Abs. 4a Nr. 3 lit. c) KWG strafbewehrt u. a. ein internes Kontrollsystem einschließlich der MaRisk-Compliance-Funktion einzurichten hat.

2.4 Identifizierung wesentlicher Regelungen (AT 4.4.2 Tz. 2)

Eine der überragend wichtigen Aufgaben der MaRisk-Compliance-Funktion besteht in der Identifizierung wesentlicher rechtlicher Regelungen und Vorgaben, deren Nichteinhaltung zu relevanten MaRisk-Compliance-Risiken führen. Erst die Identifizierung der wesentlichen rechtlichen Regelungen und Vorgaben ermöglicht alle weiteren Schritte, wie z. B. die Überwachung und Steuerung der damit in Zusammenhang stehenden Risiken.

Nach AT 4.4.2 Tz. 2 MaRisk sind derartige MaRisk-Compliance-Risiken solche, die zu einer Gefährdung des Vermögens des Instituts führen können. Etwas deutlicher werden die in Rede stehenden Compliance-Risiken in den EBA-Leitlinien aus dem Jahr 2011 beschrieben: Danach handelt es sich beim Compliance-Risiko um ein bestehendes oder künftiges Ertrags- oder Kapitalrisiko infolge von Verletzungen oder der Nichteinhaltung von Gesetzen, Vorschriften, Rechtsvorschriften, Vereinbarungen, vorgeschriebenen Praktiken oder ethischen Standards, welches zu Geldstrafen, Schadenersatz und/oder zur Nichtigkeit von Verträgen führen und den Ruf eines Instituts schädigen kann.

Unter rechtlichen Regelungen und Vorgaben sind sowohl geltendes Recht als auch Kernaspekte der Auslegung im Rahmen aufsichtlicher Verwaltungspraxis und ferner etwaige bindende Selbstverpflichtungen des Instituts zu verstehen. Vor Identifizierung der Wesentlichkeit einer rechtlichen Regelung oder Vorgabe bietet es sich an, zunächst alle für das Institut maßgeblichen rechtlichen Regelungen und Vorgaben zusammenzustellen und anschließend, anhand einer Bewertung der Compliance-Risiken der jeweiligen Regelungen, eine Einschätzung der Wesentlichkeit vorzunehmen. Dabei können sich von Institut zu Institut durchaus individuelle Unterschiede bei der Bewertung einzelner Regelungen und Vorgaben ergeben, vor allem unter Berücksichtigung von Geschäftsaktivitäten und konkreten Märkten, auf denen das Institut tätig ist, oder auch aufgrund interner Strukturen bzw. für Teilgebiete bestehender ausdrücklicher Sonderzuständigkeiten in Instituten, durch die Compliance-Risiken bereits ausreichend adressiert werden.

Die BaFin selbst hatte im Rahmen der Sitzung des Fachgremiums MaRisk am 24. April 2013 einige grundlegende Weichenstellungen vorgenommen. So bestehen zunächst nicht-finanzbranchenspezifische rechtliche Regelungen und Vorgaben, die nicht unbedingt einer Adressierung durch die MaRisk-Compliance-Funktion unterliegen müssen, z. B. Arbeits- und Personalrecht einschließlich des Sozialversicherungsrechts, allgemeines Gewerberecht, Immobilienrecht soweit das Institut selbst betroffen ist, oder Steuerrecht soweit das Institut selbst oder Arbeitnehmer betroffen sind.[1] Darüber hinaus hat die BaFin Rechtsgebiete bestimmt, die zwar grundsätzlich von hoher Bedeutung sind, wie etwa das Risikocontrolling, das Aspekte der Risikotragfähigkeit, von Risikocontrollingprozessen und Solvenzfragen oder des Rechnungslegungs- und Bilanzrechts einschließt, deren für das Thema fachlich zuständige Einheiten jedoch über ein derart spezialisiertes Wissen verfügen, dass die MaRisk-Compliance-Funktion auf den diesbezüglichen Einschätzungen aufsetzen kann, eigene Aktivitäten zurückstellt oder auf diese sogar (im Wesentlichen) verzichtet.[2] Trotz der sehr hohen Bedeutung derartiger Normen sind diese dann jedenfalls faktisch – aufgrund ihrer Erfassung durch speziell zuständige Stellen – aus einer MaRisk-Compliance-Sicht im engeren Sinne kaum relevant.

Auch wenn im Protokoll der BaFin nicht ausdrücklich erwähnt, muss richtigerweise Entsprechendes dann gelten, wenn vergleichbar spezielle Stellen im Haus bestehen (z. B. für Sanktions- und Außenhandelsthemen, Vergütungsfragen, IT-Sicherheit, Auslagerungsbeauftragte).

Zu wesentlichen rechtlichen Regelungen und Vorgaben zählt die BaFin jedenfalls – neben Fragen des Verbraucherschutzrechts – alle weiteren Compliance-Themen, mithin WpHG-Compliance, Verhinderung von Geldwäsche und Terrorismusfinanzierung sowie sonstiger strafbarer Handlungen zulasten von Instituten, die zu einer Vermögensgefährdung führen können sowie den Datenschutz. Allerdings ergibt sich gerade bei einer dezentralen Wahrnehmung dieser Compliance-Themen wiederum die Besonderheit, dass die daraus resultierenden Compliance-Risiken bereits durch eine spezielle Funktion überwacht werden, sodass dadurch die Zuständigkeit der MaRisk-Compliance-Funktion zumindest faktisch wieder im Kern verdrängt wird.

Für alle weiteren rechtlichen Regelungen und Vorgaben ist grundsätzlich eine individuelle Bewertung bzw. Identifizierung erforderlich. Neben allgemeinen Erwägungen sowie der Risikodefinition der EBA können bei der Bewertung z. B. auch Erkenntnisse der Internen Revision, eine eventuell vorhandene Schadensdatenbank für Zwecke des operationellen Risikos, Erkenntnisse des Beschwerdemanagements, Straf- und Bußgeldbewehrung von Normverstößen, Schadenersatzansprüche, Reputationsrisiken, Versicherungen oder Relevanz- bzw. Bagatellschwellen berücksichtigt werden.

---

1 BaFin, Protokoll zur Sitzung des FG MaRisk am 24. April 2013 in Bonn, Abschnitt 3.

2 BaFin, Protokoll zur Sitzung des FG MaRisk am 24. April 2013 in Bonn, Abschnitt 3.

Von der BaFin ist anerkannt, dass den Verbänden, speziell in den Verbünden, eine hervorgehobene Rolle bei der Information über neue rechtliche Regelungen und Vorgaben sowie Gesetzes- und Rechtsprechungsänderungen zukommt. Diese wie andere Entwicklungen werden von den Verbänden, wie BVR, Regional- und Spartenverbänden begleitet, überprüft und überwacht. Durch Rund- und Gremienschreiben gegenüber den Mitgliedsinstituten werden alle wesentlichen Neuerungen und Änderungen rechtlicher Regelungen und Vorgaben kommuniziert und erläutert. Soweit zentral gepflegte Formulare, Dokumente, AGB, Sonderbedingungen etc. existieren, werden diese parallel entsprechend angepasst. Damit wird die MaRisk-Compliance-Funktion maßgeblich von den Verbänden bei der Identifizierung der wesentlichen relevanten rechtlichen Regelungen unterstützt, sodass regelmäßig weitere Identifizierungen zurückgestellt werden können, sollten nicht spezielle institutsindividuelle Aspekte und Aktivitäten hinzutreten.

Darüber hinaus stellt der BVR eine mit den Verbundpartnern abgestimmte und regelmäßig aktualisierte Musterbestandsaufnahme (vgl. einen exemplarischen Auszug aus der Musterbestandsaufnahme auf der folgenden Seite) zur Verfügung, in der Änderungen rechtlicher Regelungen und Vorgaben eingepflegt und auf zukünftige Entwicklungen hingewiesen wird. Zudem wird dort eine – ggf. institutsindividuell anzupassende – Einstufung der Wesentlichkeit, die sich an der Compliance-Risiko-Definition der EBA orientiert, vorgenommen und kurz und knapp begründet. Die Institute haben zudem die Möglichkeit, das in einer Excel-Tabelle zur Verfügung gestellte Muster individuell durch weiterführende Aspekte anzupassen (z. B. Ausführungen zu Besonderheiten aus institutsindividuellen Jahres- oder Ad-hoc-Berichten der MaRisk-Compliance-Funktion, etwaigen Ergebnissen aus Kontrollen bzw. Überwachungshandlungen, besonderen institutsindividuellen Gefahrenpotenzialen oder institutsindividueller Risikoeinstufung auch mittels Ampelfunktion, sonstige Feststellungen). Darüber hinaus werden auch diesbezügliche professionelle externe Dienstleistungen angeboten, auf die potenziell zurückgegriffen werden kann.

Unter Berücksichtigung von Risikogesichtspunkten ist die Identifizierung nach ihrer Erstvornahme in regelmäßigen Abständen von der MaRisk-Compliance-Funktion zu überprüfen bzw. zu aktualisieren (AT 4.4.2 Tz. 2 MaRisk). In Anlehnung an entsprechende Praktiken in anderen Compliance-Funktionen, etwa der Risikoanalyse im Bereich der Verhinderung von Geldwäsche und Terrorismusfinanzierung nach § 5 GwG oder der WpHG-Risikoanalyse nach MaComp, sollte die Identifizierung daher mindestens jährlich überprüft werden. Darüber hinaus kann es notwendig werden, dass die Bestandsaufnahme aus aktuellen Anlässen unterjährig anzupassen ist (z. B. im Fall signifikanter Änderungen rechtlicher

Regelungen und Vorgaben oder signifikanter Umstrukturierungen bzw. wesentlichen Änderungen von Zuständigkeiten im Institut sowie von Fusionen).

Im Hinblick auf eine Beobachtung sich zukünftig ergebender Änderungen wesentlicher rechtlicher Regelungen und Vorgaben können die Institute auf die Informationen des BVR, DGRV sowie der genossenschaftlichen Regionalverbände zurückgreifen. Rechtliche (Gesetzesänderungen, Rechtsprechung etc.) und auch nicht-rechtliche Entwicklungen werden von den Verbänden begleitet, überprüft und überwacht sowie u. a. durch Rundschreiben oder Gremienschreiben gegenüber den Instituten kommuniziert und erläutert. Musterverträge, Formulare, AGB, Sonderbedingungen etc. werden zentral angepasst. Insoweit wird die Compliance-Funktion durch die Tätigkeit der Verbände weitestgehend unterstützt, so dass insbesondere von typischen Primärinstituten regelmäßig insoweit keine weiteren Identifizierungen vorgenommen werden müssen. Beobachtungs- und Identifizierungspflichten werden sich aber insbesondere dann ergeben, wenn institutsindividuelle Verträge, Produkte etc. eingesetzt werden (bei institutsindividuellen Verträgen, Produkten etc. ergeben sich bei einschlägigen Regelungen ggf. Änderungsnotwendigkeiten).

Auszug aus der Musterbestandsaufnahme des BVR

Musterbestandsaufnahme wesentlicher und unwesentlicher rechtlicher Regelungen und Vorgaben gemäß AT 4.4.2 Tz. 2 MaRisk („MaRisk-Compliance")

V. Sonstige unwesentliche oder wesentliche rechtlichen Regelungen

Neben den bereits vorstehend vorgenommenen Qualifizierungen bestehen folgende institutsindividuelle besondere Einschätzungen (in alphabetischer Reihenfolge).[1] Bei einer konkreten, institutsindividuellen Betrachtung kann in die Einschätzung zudem einbezogen werden, ob die Vermögensgefährdung eine gewisse Relevanzschwelle besitzt.

Rechtsbereiche	Konkrete Gesetze/Normen	Begründung/Anmerkung	Institutsinterne Zuständigkeit	Verbandsschreiben [2]	Laufende Gesetzgebung	Sonstiges[3]
Abwicklungsfonds/ Bankenabgabe	Verordnung (EU) Nr. 806/2014 (SRM-Verordnung) i.V.m. Delegierter Verordnung (EU) 2015/63 und Durchführungsverordnung (EU) 2015/81	Im Kern sind Pflichten - neben der Zahlung an sich - auf die jährliche Ermittlung der beitragsrelevanten Positionen und deren Meldungen an die Abwicklungsbehörde beschränkt. Allerdings bestehen bei Nichterfüllung oder Meldeverstößen Sanktionsmöglichkeiten. So können Meldepositionen auch konservativ geschätzt oder ein höherer Risikofaktor angesetzt werden (Art. 17 Delegierte VO). Auch können Verwaltungssanktionen und sonstige Verwaltungsmaßnahmen erfolgen (Art. 18 Delegierte VO). Vor diesem Hintergrund ist die Regelung als wesentlich bzw. MaRisk-Compliance relevant zumindest für die Institute anzusehen, die nicht unter die Pauschalbeitragsregelung fallen.[4]		* BVR v. 8.9.2017 (S1709175) und 19.5.2017 (S1705087): Mitteilung der FMSA über die Aussetzung der Entscheidungen über in 2016 eingelegte Widersprüche; *BVR v. 5.5.2017 (S1705081): Beitragsbescheid zur Bankenabgabe für das Jahr 2017; *BVR v. 31.3. (S1703058)/30.3.2017 (S1703057): Meldung nach AWV bei Zahlung Bankenabgabe; *BVR v. 16.1.2017 (S1701009): Umlagevorauszahlung FMSA 2017; *BVR v. 20.12.2016 (S1612239): Gesetz zur Neuordnung der Aufgaben der FMSA; *BVR v. 28.10.2016 (S1610207)/5.12. (S1612221)/9.12.(S1612225)/14.12. (S1612229): Bankenabgabe 2017; *BVR v. 17.10.2016		
				*BVR v. 17.10.2016 (S1610206)/27.9.2016: Berücksichtigung des Rechnungslegungsstandards IDW RS BFA 3 für Derivate		

2.5 Berichtspflichten (AT 4.4.2 Tz. 7)

Eine wesentliche Aufgabe und zugleich eines der „schärfsten Schwerter“ der MaRisk-Compliance-Funktion findet sich in den diese treffenden Berichtspflichten bzw. dieser zustehenden Berichtsmöglichkeiten. Nach AT 4.4.2 Tz. 7 hat die MaRisk-Compliance-Funktion mindestens jährlich und darüber hinaus ggf. auch anlassbezogen der Geschäftsleitung über ihre Tätigkeit Bericht zu erstatten. Gegenstand der Berichte sind Aussagen über die Angemessenheit und Wirksamkeit der Regelungen zur Einhaltung der wesentlichen rechtlichen Regelungen und Vorgaben im Institut sowie Angaben zu möglichen Defiziten und Maßnahmen zu deren Behebung. Der Bericht wird dabei regelmäßig durch den MaRisk-Compliance-Beauftragten erfolgen, der in genossenschaftlichen Primärbanken regelmäßig mit der MaRisk-Compliance-Funktion identisch ist. Durch die Berichterstattung soll die Geschäftsleitung in die Lage versetzt werden, die angemessene Steuerung und Einhaltung der MaRisk-Compliance bezogenen Risiken zu beurteilen und ggf. Defizite abzustellen. Regelmäßig dürfte diese Zielrichtung des Berichtswesens eher mit Blick auf große, komplex strukturierte Institute entstanden sein als mit Blick auf kleine oder mittlere Institute, bei denen die Geschäftsleitung aufgrund einfacher Strukturen und einer überschaubaren Größe gewöhnlich ohnehin eine Beurteilung aufgrund eigener Kenntnisse zu leisten imstande wäre.

Ein anlassbezogener bzw. Ad-hoc-Bericht an die Geschäftsleitung kann z. B. angezeigt sein, wenn die MaRisk-Compliance-Funktion die (wiederholte oder fortgesetzte) Nichteinhaltung wesentlicher rechtlicher Regelungen und Vorgaben, vor allem aufgrund von Defiziten in bestehenden Prozessen oder Verfahren, feststellt oder etwa aufgrund derartiger Defizite wesentliche rechtliche Regelungen und Vorgaben, nicht, nicht richtig, nicht vollständig oder nicht fristgerecht umgesetzt werden. Der Ad-hoc-Bericht an die Geschäftsleitung kann auch dann ein Mittel der Intervention sein, sofern Meinungsunterschiede zwischen der MaRisk-Compliance-Funktion und den Fachbereichen im Hinblick auf bekannt gewordene Auffälligkeiten nicht bilateral gelöst werden können. Auch die BaFin sieht derartige Ad-hoc-Berichte als adäquates Mittel für eine Eskalation, etwa bei erkannten Mängeln von Kontrollprozessen, im Regelfall als zielführend an.[1]

Nicht unbedingt erforderlich ist die Erstellung eines „Gesamt-Compliance-Berichts“ durch den MaRisk-Compliance-Beauftragten, der etwa auch Angaben zu Aufgabengebieten spezieller Compliance-Funktionen (z. B. WpHG-Compliance,

1 BaFin, Protokoll zur Sitzung des FG MaRisk am 24. April 2013 in Bonn, Abschnitt 4.

Geldwäsche und Terrorismusfinanzierung, Verhinderung sonstiger Straftaten, Datenschutz) enthält. Ausreichend sind hier in jedem Fall – soweit nicht ohnehin gesetzlich oder durch Verwaltungspraxis vorgeschrieben – auch Einzelberichte der verschiedenen Compliance-Funktionen. Die für das jeweilige Institut am besten geeignete Verfahrensweise kann individuell festgelegt werden. Letztlich wird dies auch davon abhängen, ob sich das Institut für eine Bündelung der Compliance-Funktionen oder eine dezentrale Wahrnehmung entschieden hat (vgl. dazu auch Kapitel 4). In letzterem Fall kann es – je nach Institutsgröße – aber ggf. sinnvoll sein, dass sich die verschiedenen Compliance-Funktionen regelmäßig austauschen oder sich speziell mit Blick auf die Abgabe etwaiger Berichte abstimmen und dem MaRisk-Compliance-Beauftragten ihre Berichte zur Kenntnisnahme übermitteln.

Adressat der Berichte der MaRisk-Compliance-Funktion ist zunächst die Geschäftsleitung des Instituts. Darüber hinaus sind die Berichte an das Aufsichtsorgan, also Aufsichts- bzw. Verwaltungsrat, und die Interne Revision weiterzuleiten. Die MaRisk enthalten keine konkreten Vorgaben, ob die Weiterleitung an Aufsichtsorgan und Interne Revision über die Geschäftsleitung oder unmittelbar durch die MaRisk-Compliance-Funktion zu erfolgen hat. Mit Blick auf die allgemeinen Anforderungen an die Risikoberichterstattung in BT 3.1 Tz. 5 MaRisk, nach der die Geschäftsleitung das Aufsichtsorgan auch über die Risikosituation informiert, sollte eine Weiterleitung des Berichts durch die Geschäftsführung jedenfalls auch möglich sein.

Ob die allgemeinen Anforderungen an Risikoberichte in BT 3.1 MaRisk auch auf die Berichte der MaRisk-Compliance-Funktion nach AT 4.4.2 Tz. 7 MaRisk Anwendung finden, ist nicht ausdrücklich in den MaRisk geregelt. Die Entstehungsgeschichte von Abschnitt BT 3.1 MaRisk spricht allerdings dagegen. Wurden die Berichtspflichten der MaRisk-Compliance-Funktion im ersten Entwurf zu den neugefassten MaRisk vom 18. Februar 2016 im Rahmen der BaFin-Konsultation 02/2016 noch aus Abschnitt AT 4.4.2 MaRisk in Abschnitt BT 3.3 MaRisk überführt, wurde diese Überführung bereits im inoffiziellen Zwischenentwurf der MaRisk vom 23. Juni 2016 zurückgenommen, was auch in der finalen Fassung beibehalten wurde. Dies spricht dafür, dass es sich bei den Vorgaben für die Berichterstattung der MaRisk-Compliance-Funktion um spezielle Regelungen handelt, die die Regelung aus BT 3.1 MaRisk verdrängen. Auch inhaltlich sind die Vorgaben etwa in BT 3.1 Tz. 2 MaRisk kaum geeignet, um Anwendung auf die Berichterstattung der MaRisk-Compliance-Funktion zu finden. Zu BT 3.1 Tz. 3 und 5 MaRisk enthält AT 4.4.2 Tz. 7 zudem offensichtlich Spezialregelungen.

Grundsätzlich sollte sich die Berichterstattung gegenüber dem Aufsichtsorgan an jedes seiner Mitglieder richten. In der Praxis haben sich die Aufsichtsorgane jedoch häufig in Ausschüssen organisiert, so dass die Weiterleitung der Informationen auch auf einen Ausschuss beschränkt werden kann. Voraussetzung dafür ist allerdings, dass ein entsprechender Beschluss über die Einrichtung des Ausschusses besteht oder die Geschäftsordnung dies ausdrücklich vorsieht und der Vorsitzende des Ausschusses regelmäßig das gesamte Aufsichtsorgan informiert. Zudem ist jedem Mitglied des Aufsichtsorgans weiterhin das Recht einzuräumen, die an den Ausschuss geleitete Berichterstattung einsehen zu können.

Der BVR hat seinen Mitgliedsinstituten auf kleine und mittlere und damit wenig komplex strukturierte Institute zugeschnittene Musterberichte als Arbeitshilfen zur Verfügung gestellt, um diesen eine möglichst einfache und effektive Handhabung bei begrenzten Ressourcen zu ermöglichen (vgl. Anhang 8).

2.6 Einbindung in den Neu-Produkt-Prozess (AT 8.1 Tz. 5)

Neben den in Abschnitt AT 4.4.2 genannten Kernaufgaben der MaRisk-Compliance-Funktion ist diese im Rahmen ihrer Aufgaben auch am Neu-Produkt-Prozess nach AT 8.1 der MaRisk zu beteiligen (AT 8.1 Tz. 5 MaRisk), was vor allem bereits für die Erstellung des Konzepts gilt. AT 8.1 Tz. 1 MaRisk sieht nämlich vor, dass für die Aufnahme von Geschäftsaktivitäten in neuen Produkten oder auf neuen Märkten vorab ein Konzept auszuarbeiten ist. Die Beteiligung kann nur dann angebracht sein, wenn der Aufgabenbereich der MaRisk-Compliance-Funktion auch tatsächlich berührt wird, sprich Risiken aus der Nichteinhaltung wesentlicher rechtlicher Regelungen und Vorgaben entgegenzuwirken wäre. Das neue Produkt oder die Geschäftsaktivität auf neuen Märkten müssen also mit gesetzlichen Regelungen und Vorgaben in Einklang stehen.

2.7 Einbindung in die Änderung betrieblicher Prozesse (AT 8.2 Tz. 1)

Ähnlich wie bei der Einbindung beim Neu-Produkt-Prozess ist die MaRisk-Compliance-Funktion auch bei wesentlichen Veränderungen in der Aufbau- und Ablauforganisation sowie den IT-Systemen im Rahmen ihrer Aufgaben zu beteiligen (AT 8.2. Tz. 1 MaRisk). Die Einbindung der MaRisk-Compliance-Funktion ist insbesondere dann erforderlich, wenn die Veränderungen Verfahren und Kontrollen zur Einhaltung wesentlicher rechtlicher Regelungen und Vorgaben betreffen.

Ferner sind zukünftig im Hinblick auf die MiCA umfassende Anforderungen bei Emittenten und Anbietern von Kryptowerten zu berücksichtigen. Aus Sicht der Compliance-Funktion gemäß KWG/MaRisk entsprechen die Anforderungen der MiCA überwiegend dem bereits bestehenden Regulierungsrahmen.

3 Befugnisse und Rechte der MaRisk-Compliance-Funktion

Damit die Compliance-Funktion im Institut die ihr übertragenen Aufgaben ordnungsgemäß ausführen kann, werden ihr in den MaRisk auch spezielle Befugnisse übertragen. Diese sind in Teilen mit denen des Geldwäschebeauftragten (§ 7 Abs. 5 Sätze 3 ff. GwG) oder des WpHG-Compliance-Beauftragten (BT 1.3.1.2 MaComp) vergleichbar.

3.1 Rückgriff auf andere Funktionen und Stellen (AT 4.4.2 Tz. 3)

Zunächst wird in AT 4.4.2 Tz. 3 festgelegt, dass die Compliance-Funktion zur Erfüllung ihrer Aufgaben auch auf andere Funktionen und Stellen im Institut zurückgreifen kann. Diese Vorgabe kann verschiedene Facetten aufweisen. So kann die Vorgabe zum einen dahingehend verstanden werden, dass andere Funktionen und Stellen im Institut die Compliance-Funktion bei ihren originären Aufgaben unterstützen. Vor allem in kleineren und weniger komplexen Instituten kann die Compliance-Funktion etwa von der Risikocontrolling- oder von anderen Funktionen (z. B. Rechtsabteilung) unterstützt werden.[1] Ferner ist es denkbar, dass die Compliance-Funktion Berichte der Internen Revision zur Erfüllung ihrer Aufgaben heranzieht.[2] Zum anderen kommt mit der Vorgabe aber auch zum Ausdruck, dass die Implementierung wirksamer Verfahren zur Einhaltung wesentlicher gesetzlicher Regelungen und Vorgaben in der Verantwortung des jeweils

1 EBA/GL/2017/11 vom 26. September 2017, Tz. 189.

2 Hannemann/Schneider/Weigl, MaRisk, AT 4.4.2 Tz. 3.

betroffenen Fachbereichs liegt und nicht primär bei der Compliance-Funktion.[1] Damit sind die Fachbereiche unmittelbar zur Umsetzung compliance-relevanter Vorgaben aufgefordert.

3.2 Informationszugang (AT 4.4.2 Tz. 6)

Besonders wichtig sind die der Compliance-Funktion in AT 4.4.2 Tz. 6 MaRisk zugewiesenen Befugnisse zum Informationszugang.

3.2.1 Allgemeine Befugnisse

Zunächst sind den Mitarbeitern der Compliance-Funktion ausreichende Befugnisse und ein uneingeschränkter Zugang zu allen Informationen einzuräumen, die für die Erfüllung ihrer Aufgaben erforderlich sind. Mit dem Informationszugang ist in erster Linie der ungehinderte Zugang zu sämtlichen Informationen, Daten, Aufzeichnungen und Systemen zu verstehen, die im Rahmen der Erfüllung ihrer Aufgaben von Bedeutung sein können. Dazu zählen aber auch Auskunftsrechte gegenüber anderen Mitarbeitern und Fachbereichen oder Einsichtsrechte in vorhandene Unterlagen.

3.2.2 Weisungs- und Vetorechte

Fraglich ist, ob der MaRisk-Compliance-Funktion auch ein Weisungs- oder Vetorecht gegenüber anderen Fachbereichen im Institut zusteht bzw. von ihren Befugnissen umfasst ist. Die BaFin hat die Frage letztlich offen gelassen.[2] Jedenfalls muss der MaRisk-Compliance-Funktion kein umfassendes Weisungs- oder Vetorecht eingeräumt werden. Bei nicht klärungsfähigen Differenzen oder bei aus ihrer Sicht bestehenden Mängeln von Verfahren zur Einhaltung wesentlicher gesetzlicher Regelungen und Vorgaben steht der Compliance-Funktion die Möglichkeit eines anlassbezogenen Berichts an die Geschäftsleitung zur Verfügung. Sofern die MaRisk-Compliance-Funktion auch andere Compliance-Funktionen ausübt, bleiben diesbezügliche, spezielle Weisungsrechte unberührt.

---

1 BaFin, Protokoll zur Sitzung des FG MaRisk am 24. April 2013 in Bonn, Abschnitt 4.

2 BaFin, Protokoll zur Sitzung des FG MaRisk am 24. April 2013 in Bonn, Abschnitt 4.

3.2.3 Überwachungs- und Kontrollhandlungen

Ferner ist fraglich, ob die Befugnisse der MaRisk-Compliance-Funktion auch Überwachungs- und Kontrollhandlungen beinhalten oder sogar beinhalten müssen (vgl. bereits oben in Kapitel 2.2). Nach Auffassung der BaFin ist es erforderlich, der MaRisk-Compliance-Funktion zumindest das Recht zu Überwachungs- und Kontrollhandlungen einzuräumen, wobei die Frage des tatsächlichen Umfangs oder der Tiefe der Ausübung dieser Rechte dem Institut überlassen bleibt.[1] Diese institutsindividuelle Betrachtungsweise erscheint auch angemessen. So wird sich in kleineren und mittleren Instituten, wie den genossenschaftlichen Ortsbanken, die Situation, die Komplexität und Überschaubarkeit der Fachbereiche sicherlich anders darstellen als bei größeren und großen Häusern, die selbst für eigenständige MaRisk-Compliance-Organisationseinheiten nur noch schwerlich zu durchdringen sind. Kontrollen werden angemessen durchgeführt, nachvollziehbar und angemessen dokumentiert. Anpassungspotenzial wird in die Risikoanalyse zurückgespielt und mit den betroffenen Fachabteilungen kommuniziert.

3.3 Mitteilungspflichten gegenüber der MaRisk-Compliance-Funktion

AT 4.4.2 Tz. 6 MaRisk sehen neben dem Recht der MaRisk-Compliance-Funktion auf den Zugang zu Informationen auch Mitteilungspflichten gegenüber der MaRisk-Compliance-Funktion vor. Danach ist die Geschäftsleitung eines Instituts verpflichtet, Weisungen und Beschlüsse, die für die Ausübung der Aufgaben der MaRisk-Compliance-Funktion wesentlich sind, dieser auch bekannt zu geben. Derartige Weisungen und Beschlüsse können etwa interne Implementierungsprozesse von gesetzlichen Anforderungen zum Gegenstand haben. Ferner ist die MaRisk-Compliance-Funktion darüber zu informieren, wenn im Institut oder in Fachbereichen wesentliche Änderungen an Verfahren oder Kontrollen[2] vorgenommen werden sollten, die die Einhaltung wesentlicher rechtlicher Regelungen und Vorgaben gewährleisten sollen. Diese Information hat durch die Geschäftsleitung bzw. die Fachbereiche dabei „rechtzeitig" zu erfolgen, d. h., die MaRisk-Compliance-Funktion erhält so frühzeitig wie möglich davon Kenntnis, um ggf. dazu noch einen eigenen (abweichenden) Standpunkt oder etwaige Bedenken zum Ausdruck bringen zu können.

1 BaFin, Protokoll zur Sitzung des FG MaRisk am 24. April 2013 in Bonn, Abschnitt 4.

2 Hannemann/Schneider/Weigl, MaRisk, AT 4.4.2 Tz. 5.

4 Organisatorische Ansiedlung der MaRisk-Compliance-Funktion

Die organisatorische Ansiedlung der MaRisk-Compliance-Funktion hatte bei Einführung der diesbezüglichen Regelungen für große Unsicherheit gesorgt. Dabei ging es u. a. um Fragen der Anbindung der MaRisk-Compliance-Funktion an andere Einheiten, der Integration in bestehende Compliance-Strukturen und Compliance-Funktionen, der Schaffung eigenständiger Organisationseinheiten, der Bündelung oder dezentralen Wahrnehmung von Compliance-Funktionen sowie der Sicherstellung der Unabhängigkeit von Markt und Handel. Die diesbezüglichen Regelungen der MaRisk-Novelle aus 2012 wurden durch die MaRisk-Novelle 2017 weiter konkretisiert.

4.1 Die MaRisk-Compliance-Funktion als Teil des IKS (AT 1 Tz. 1, AT 4.3 Tz. 1)

Was sich bereits unmittelbar aus § 25a Abs. 1 Satz 3 Nr. 3 lit. c) KWG im Hinblick auf das Verständnis der MaRisk-Compliance-Funktion als Teil des internen Kontrollsystems (IKS) ergibt, wird auch in den MaRisk noch einmal besonders hervorgehoben. Nach § 25a Tz. 1 MaRisk geben die MaRisk einen flexiblen und praxisnahen Rahmen für die Ausgestaltung des Risikomanagements der Institute vor. Ein angemessenes und wirksames Risikomanagement umfasst unter Berücksichtigung der Risikotragfähigkeit danach vor allem die Festlegung von Strategien sowie die Einrichtung interner Kontrollverfahren. Die internen Kontrollverfahren ihrerseits bestehen wiederum aus dem internen Kontrollsystem und der Internen Revision. Das interne Kontrollsystem hat dabei Regelungen zur Aufbau- und Ablauforganisation, Prozesse zur Identifizierung, Beurteilung, Steuerung, Überwachung sowie Kommunikation der Risiken (Risikosteuerungs- und -controllingprozesse) und eine Risikocontrolling-Funktion und die im Rahmen dieser Abhandlung in Rede stehende MaRisk-Compliance-Funktion zu umfassen. Diese Festlegung aus § 25a Tz. 1 MaRisk wird in AT 4.3 Tz. 1 MaRisk noch einmal wiederholt. Der zuletzt genannte Abschnitt erwähnt auch noch einmal ausdrücklich das Proportionalitätsprinzip. Die konkrete Implementierung der einzelnen Teile des internen Kontrollsystems, unter expliziter Nennung auch der MaRisk-Compliance-Funktion, hat demnach entsprechend Art, Umfang, Komplexität und Risikogehalt der Geschäftsaktivitäten zu erfolgen. Damit eröffnen die MaRisk bereits an dieser Stelle Spielraum für kleine und mittlere Institute, um ausufernde und überbordende Anforderungen zu vermeiden. Entsprechende Spielräume sollten von den Instituten zu ihren Gunsten genutzt werden und wurden bei den verbundweit erarbeiteten Arbeitshilfen (vgl. Kapitel 7) auch berücksichtigt.

4.2 Unterstellung unter die Geschäftsleitung (AT 4.4.2 Tz. 3)

Große Bedeutung misst die BaFin der Nähe der MaRisk-Compliance-Funktion zur Geschäftsleitung des Instituts bei. Nach AT 4.4.2 Tz. 3 Satz 1 MaRisk ist die MaRisk-Compliance-Funktion grundsätzlich unmittelbar der Geschäftsleitung unterstellt und dieser berichtspflichtig (zur Berichtspflicht vgl. Kapitel 2.5). Diesem Grundsatz wurde von der BaFin in der Verwaltungspraxis sogar zunächst eine apodiktische Bedeutung zugeschrieben. So führte die BaFin in ihrem Protokoll zur Sitzung des Fachgremiums MaRisk am 24. April 2013 in Bonn aus: *„Die BaFin hat noch einmal betont, dass die Compliance-Funktion, unabhängig davon, ob es sich um eine separate Organisationseinheit handelt oder eine Anbindung an eine andere Kontrolleinheit erfolgt, unmittelbar der Geschäftsleitung zu unterstellen ist. Weiterhin ist sie der Geschäftsleitung berichtspflichtig. Aus diesem Grund kann die Compliance-Funktion nicht als untergeordnete Stelle in der organisatorischen Struktur des Instituts angesiedelt werden. Nur eine unmittelbare organisatorische Zuordnung zur Geschäftsleitung verschafft ihr das notwendige Gehör auf Geschäftsleiterebene und fördert dadurch ihre Funktionsfähigkeit. Im Hinblick auf die Anbindung an bereits bestehende Kontrolleinheiten (...) sind durchaus verschiedene Konstellationen denkbar. Wichtig ist hierbei, dass (...) die Compliance-Funktion der Geschäftsleitung unmittelbar unterstellt ist“.*[1]

Allerdings konkretisierte die BaFin dieses Prinzip mit der MaRisk-Novelle 2017, nachdem die Deutsche Kreditwirtschaft auf die Widersprüchlichkeit der Vorgaben, mithin unmittelbare Unterstellung unter Geschäftsleitung einerseits, aber

1 BaFin, Protokoll zur Sitzung des FG MaRisk am 24. April 2013 in Bonn, Abschnitt 5.

Möglichkeit der Anbindung an andere Kontrolleinheiten andererseits, in ihrer Stellungnahme zu den Entwürfen der MaRisk-Novelle hingewiesen hatte. Im Fall der Anbindung an andere Kontrolleinheiten wird nunmehr nach AT 4.4.2 Tz. 3 Satz 2 MaRisk gefordert, dass eine direkte Berichtslinie zur Geschäftsleitung existieren soll. Eine derartige direkte Berichtslinie erscheint auch geeignet, um die Aufgaben der MaRisk-Compliance-Funktion ordnungsgemäß zu erfüllen. Mit der direkten Berichtslinie wird nämlich sichergestellt, dass die MaRisk-Compliance-Funktion bzw. der MaRisk-Compliance-Beauftragte unabhängig von der konkreten Ansiedlung oder Anbindung festgestellte Risiken ohne Involvierung Dritter bzw. zwischengeschalteter Stellen persönlich gegenüber der Geschäftsleitung adressieren kann. Gerade bei kleineren Instituten, bei denen eine Anbindung an andere Kontrolleinheiten häufiger erfolgt, ist eine solche Ausgestaltung sicherlich praxisgerechter.

Auch wenn grundsätzlich eine Ansiedlung der MaRisk-Compliance in einem von den Bereichen Markt und Handel unabhängigen Bereich gefordert wird, kann - klarstellend zur bisherigen Verwaltungspraxis - insbesondere für kleinere Institute unter Berücksichtigung von Größe, Art, Umfang, Komplexität und Risikogehalt der betriebenen Geschäftsaktivitäten eine Ansiedlung der MaRisk-Compliance-Funktion in einem von den Bereichen Markt und Handel nicht unabhängigen Bereich möglich sein. Die Inanspruchnahme der Erleichterung sollte im Rahmen der organisatorischen Regelungen begründet dokumentiert werden.

4.3 Anbindung an andere Einheiten (AT 4.4.2 Tz. 3)

Wie bereits angeklungen, ist es denkbar, dass die MaRisk-Compliance-Funktion in einer eigenständigen Organisationseinheit angesiedelt ist, mit anderen Compliance-Funktionen gebündelt oder aber an andere Kontrolleinheiten angebunden wird. Die MaRisk-Compliance ist nicht als ein den anderen (Compliance-)Funktionen übergeordnetes Compliance zu verstehen, d. h. es bestehen insoweit keine Über- oder Unterordnungsverhältnisse. Zur Erfüllung ihrer Aufgaben kann die Compliance-Funktion auf andere Funktionen und Stellen zurückgreifen. Lediglich systemrelevante Institute i. S. d. MaRisk haben seit der MaRisk-Novelle 2017 die Pflicht, eine eigenständige Organisationseinheit einzurichten (vgl. dazu auch Kapitel 4.5). Ansonsten kann eine Anbindung der MaRisk-Compliance-Funktion an andere Kontrolleinheiten bzw. eine dezentrale Wahrnehmung von Compliance-Funktionen erfolgen. Dies legt AT 4.4.2 Tz. 3 Satz 2 MaRisk eindeutig fest. Beispiele für Kontrolleinheiten in diesem Sinne geben die Erläuterungen der BaFin zu AT 4.4.2 Tz. 3 MaRisk selbst. Dazu zählen

z. B. das Risikocontrolling oder der Geldwäschebeauftragte, nicht aber die Interne Revision. Darüber hinaus kommen grundsätzlich, soweit mit der eigenen Tätigkeit vereinbar, auch das WpHG-Compliance oder andere Unterstützungsfunktionen (z. B. Recht oder Personal)[1] in Betracht.

4.4 Unabhängigkeit von Markt und Handel (AT 4.4.2 Tz. 3, AT 4.3.1 Tz. 1)

Ursprünglich enthielten die Regelungen zur MaRisk-Compliance-Funktion aus der MaRisk-Novelle 2012 keine unmittelbaren Vorgaben zum Verhältnis der MaRisk-Compliance-Funktion zu den Bereichen Markt und Handel. Erst im Protokoll der BaFin zur Sitzung des Fachgremiums MaRisk vom 24. April 2013 wurde dieses Verhältnis thematisiert. Dort war es der BaFin wichtig darauf hinzuweisen, dass die organisatorische Zuordnung der MaRisk-Compliance-Funktion zu einem vom Markt und Handel unabhängigen Bereich erfolgen muss.[2] Diese Haltung hat die BaFin mit der MaRisk-Novelle von 2017 weiter konkretisiert. So heißt es nunmehr in AT 4.4.2 Tz. 3 MaRisk, dass die MaRisk-Compliance-Funktion abhängig von der Größe des Instituts sowie der Art, des Umfangs, der Komplexität und dem Risikogehalt der Geschäftsaktivitäten in einem von den Bereichen Markt und Handel unabhängigen Bereich anzusiedeln ist. Ursprünglich war in den Entwürfen zur MaRisk-Novelle von 2017 nur vorgesehen, dass Ausnahmen von der organisatorischen Unabhängigkeit der MaRisk-Compliance-Funktion von Markt und Handel lediglich bei Instituten mit zwei Geschäftsleitern möglich sein sollten. Die nunmehr finale Regelung ist jedoch mit ihrem Abstellen auf Proportionalitätserwägungen flexibler und berücksichtigt den Umstand, dass es zur Vermeidung von Interessenkonflikten in erster Linie darauf ankommt, welche Kernaufgaben die jeweiligen Bereiche haben. Falls – regelmäßig kleinere – Institute von der Erleichterung Gebrauch machen, sollte dies im Rahmen der organisatorischen Regelungen hinreichend dokumentiert werden.

Die Klarstellung der BaFin in AT 4.4.2. Tz. 3 muss dann auch in die Regelungen zur Wahrnehmung der Funktion des MaRisk-Compliance-Beauftragten durch einen Geschäftsleiter in AT 4.4.2 Tz. 5 ausstrahlen. Dies kann dann im Ausnahmefall auch der für Markt und Handel zuständige Geschäftsleiter sein. War in den Entwürfen zur MaRisk-Novelle 2017 ursprünglich beabsichtigt, dass ein Geschäftsleiter nur im Ausnahmefall die Funktion des MaRisk-Compliance-Beauftragten ausüben können soll, sofern er für die Bereiche Markt und Handel,

1 So ausdrücklich EBA/GL/2017/11 vom 26. September 2017, Tz. 188 f.

2 BaFin, Protokoll zur Sitzung des FG MaRisk am 24. April 2013 in Bonn, Abschnitt 5.

nicht aber für die Interne Revision zuständig ist, so wurde diese Regelung in der finalen Fassung wieder gestrichen.

Allerdings bestehen im Hinblick auf den Wechsel von Mitarbeitern der Handels- und Marktbereiche in nachgelagerte Bereiche und Kontrollbereiche, wozu auch die MaRisk-Compliance-Funktion zählt, Beschränkungen (vgl. AT 4.3.1 Tz. 1 MaRisk einschließlich Erläuterungen der BaFin). Hier sind beim Wechsel eines Mitarbeiters angemessene Übergangsfristen vorzusehen, um Verstöße gegen das Verbot der Selbstprüfung zu vermeiden. Die Erläuterungen der BaFin zu AT 4.3.1 Tz. 1 MaRisk enthalten jedoch für kleinere, weniger komplexe Institute diesbezüglich aus Proportionalitätsgründen eine ausdrückliche Erleichterung. Sofern die Übergangsfristen zu einer unverhältnismäßigen Verzögerung im Betriebsablauf führen, können diese Institute abweichend von Grundsatz der angemessenen Übergangsfristen auch alternativ angemessene Kontrollmechanismen einrichten um Interessenkonflikte zu vermeiden. Mit der Regelung wird der in kleineren Instituten begrenzten Mitarbeiterkapazität und auch den begrenzten Einsatzmöglichkeiten Rechnung getragen. Im Rahmen der alternativen Kontrollmechanismen ist dabei sicherzustellen, dass z. B. bei einem Arbeitsplatzwechsel, ein Mitarbeiter der Compliance-Funktion nicht seine zuvor geleisteten anderweitigen Tätigkeiten alleinverantwortlich überprüft oder bewertet.

4.5 Notwendigkeit einer eigenständigen Organisationseinheit (AT 4.4.2 Tz. 4)

Während die am 1. Januar 2013 in die MaRisk eingefügten Vorgaben zur MaRisk-Compliance lediglich in den Erläuterungen der BaFin als Empfehlung ausführten, dass größere Institute eine eigenständige Organisationseinheit für die MaRisk-Compliance-Funktion vorsehen sollten, findet sich nunmehr eine diesbezügliche, wenngleich modifizierte Regelung, unmittelbar in AT 4.4.2 Tz. 4 der MaRisk aus dem Jahr 2017. Nach dieser Vorgabe haben systemrelevante Institute für die MaRisk-Compliance-Funktion eine eigenständige Organisationseinheit einzurichten. Bei systemrelevanten Instituten handelt es sich nach AT 1 Tz. 6 MaRisk um global systemrelevante Institute nach § 10f KWG, in Deutschland also lediglich die Deutsche Bank, sowie anderweitig systemrelevante Institute nach § 10g KWG, mithin u. a. die DZ BANK AG Deutsche Zentral-Genossenschaftsbank. Abzuwarten bleibt, ob die BaFin damit zugleich für systemrelevante Institute ihre bisherige Linie aufweichen wird, nach der eine Bündelung der verschiedenen Compliance-Funktionen zwar als besonders praktikabel und als gängige Praxis angesehen wurde, aber eine dezentrale Wahrnehmung ungeachtet dessen möglich gewesen ist.[1] Vor dem Hintergrund des Proportionalitätsprinzips bleibt es für nicht systemrelevante Institute hingegen dabei, dass keine eigenständige Organisationseinheit einzurichten ist. Bei der Zuordnung einzelner Kontrollbereiche und einzelner Beauftragter zur Compliance-Funktion ist zu beachten, dass Interessenkonflikte vermieden werden und die Compliance-Funktion von operativen und überwachenden Tätigkeiten getrennt ist. Neben den in der Erläuterung explizit genannten Aufzählungen (WpHG-Compliance, Geldwäschebeauftragter, Informationssicherheitsbeauftragter, Datenschutz) können nur (reine) Kontrolleinheiten bei der Compliance-Funktion angesiedelt werden. Für die genossenschaftlichen Primärbanken ergibt sich daher keine Pflicht zur Einrichtung einer eigenständigen Organisationseinheit für die MaRisk-Compliance-Funktion bzw. zur Bündelung verschiedener Compliance-Funktionen.

Ferner ist nunmehr die MaRisk-Compliance-Funktion in Bezug auf Finanzsanktionen zu prüfen. Für die Überwachung und Umsetzung ist zwar primär die Deutsche Bundesbank zuständig, gleichwohl hat das Institut auch die Hinweise der Bundesbank zur Einhaltung der Finanzsanktionen im Rahmen der MaRisk-Compliance-Funktion zu berücksichtigen.

1 BaFin, Anschreiben an die Verbände der Kreditwirtschaft zur Veröffentlichung der Endfassung der MaRisk-Novelle 2012 vom 14. Dezember 2012, S. 5.

5 MaRisk-Compliance-Beauftragter

Nach AT 4.4.2 Tz. 5 MaRisk ist vom Institut zur Erfüllung der Aufgaben der MaRisk-Compliance-Funktion ein MaRisk-Compliance-Beauftragter zu bestellen. Dieser MaRisk-Compliance-Beauftragte ist damit zumindest faktisch zugleich Leiter der MaRisk-Compliance-Funktion und fungiert als maßgeblicher Ansprechpartner sowohl intern gegenüber der Geschäftsleitung und Mitarbeitern der Fachbereiche als ggf. auch extern gegenüber der Aufsichtsbehörde. Bei kleineren und mittleren Häusern, wie etwa genossenschaftlichen Ortsbanken, wird neben dem MaRisk-Compliance-Beauftragten grundsätzlich keine Notwendigkeit für die Beschäftigung weiterer Mitarbeiter in der MaRisk-Compliance-Funktion bestehen, sodass sich MaRisk-Compliance-Funktion und MaRisk-Compliance-Beauftragter in einer Person vereinen. Unter Beachtung von Proportionalitätskriterien kann Compliance-Beauftragter auch ein Geschäftsleiter sein. Im Ausnahmefall kann es sich dabei auch um einen für die Bereiche Markt und Handel zuständigen Geschäftsleiter handeln (vgl. AT 4.4.2 Tz. 3). Die Proportionalitätskriterien sind regelmäßig als erfüllt anzusehen, wenn andere für die Übertragung von Compliance-Funktionen auf die Geschäftsleitung bestehenden Ausnahmen bereits bei einem Institut Anwendung finden, insbesondere soweit sich diese aus den MaComp oder der Verwaltungspraxis zur Wahrnehmung der Funktion des Geldwäschebeauftragten durch einen Geschäftsleiter ergeben.

5.1 Notwendigkeit eines Stellvertreters

Aus der Praxis wurde wiederholt die Frage gestellt, ob für den MaRisk-Compliance-Beauftragten ein Stellvertreter zu bestellen ist. Die konkreten Regelungen zur MaRisk-Compliance-Funktion in AT 4.4.2 äußern sich zu dieser Frage nicht.

Allerdings enthalten die allgemeinen Regelungen zum Personal in AT 7.1 MaRisk zumindest Indizien für die Beantwortung der Frage. So spricht AT 7.1 Tz. 2 MaRisk von Qualifikationen von Mitarbeitern und deren Vertretern und nennt in den Erläuterungen ausdrücklich auch den MaRisk-Compliance-Beauftragten. Zudem ist nach AT 7.1 Tz. 3 sicherzustellen, dass die Abwesenheit oder das Ausscheiden von Mitarbeitern nicht zu nachhaltigen Störungen der Betriebsabläufe führen. Dies würde dafür sprechen, trotz Schweigens der MaRisk in Abschnitt 4.4.2, auch einen Stellvertreter des MaRisk-Compliance-Beauftragten zu benennen. Gerade bei Häusern, bei denen die Funktion des MaRisk-Compliance-Beauftragten von einem Geschäftsleiter ausgeübt wird, oder bei kleinen Häusern kann dies im Einzelfall anders zu beurteilen sein.

5.2 Ausübung der Funktion durch den Geschäftsleiter

Die Übernahme der Funktion des MaRisk-Compliance-Beauftragten durch einen Geschäftsleiter ist im Ausnahmefall, abhängig von Art, Umfang, Komplexität und Risikogehalt der Geschäftsaktivitäten und der Größe des Instituts, nach AT 4.4.2 Tz. 5 MaRisk möglich. Speziell bei kleineren genossenschaftlichen Ortsbanken wird diese Ausnahme auch zu Recht in der Praxis gelebt, da die Bestellung eines eigenen MaRisk-Compliance-Beauftragten unverhältnismäßig wäre. Sah der Entwurf der MaRisk-Novelle 2017 in den Erläuterungen zu AT 4.4.2 Tz. 5 MaRisk noch vor, dass bei Instituten mit zwei Geschäftsleitern die Wahrnehmung der Funktion des MaRisk-Compliance-Beauftragten im Ausnahmefall durch den für die Bereiche Markt und Handel zuständigen Geschäftsleiter möglich sein sollte, sofern die Interne Revision dem anderen Geschäftsleiter unterstellt ist, wurden in einem weiteren Zwischenentwurf und der finalen Fassung diese Konkretisierungen wieder gestrichen. Der Grund dafür dürfte die Verantwortung bzw. Berichtspflicht der MaRisk-Compliance-Funktion gegenüber der gesamten Geschäftsleitung sein.

5.3 Wechsel des MaRisk-Compliance-Beauftragten

Eine Anzeige oder Mitteilung der Benennung des MaRisk-Compliance-Beauftragten gegenüber der BaFin ist nicht erforderlich. Insoweit wird auf die aus anderen Compliance-Bereichen erforderliche (vorherige) Anzeige der Übernahme der Funktion, wie sie etwa für den Geldwäschebeauftragten und seinen

Stellvertreter nach § 7 Abs. 4 Satz 1 GwG oder den WpHG-Compliance-Beauftragten vorgeschrieben ist, verzichtet. Auch wenn keine Anzeige an die BaFin erforderlich ist, ist dennoch das Aufsichtsorgan des Instituts, sprich der Aufsichts- bzw. Verwaltungsrat, nach AT 4.4.2 Tz. 8 MaRisk rechtzeitig vorab unter Angabe der Gründe für den Wechsel zu informieren. Mit dieser Vorgabe wird sowohl die Funktion des MaRisk-Compliance-Beauftragten als auch die Kontrollfunktion des Aufsichtsrats, dem ja auch die Berichte des MaRisk-Compliance-Beauftragten nach AT 4.4.2 Tz. 7 weiterzuleiten sind, gegenüber der Geschäftsleitung gestärkt und der willkürliche Austausch „unbequemer" MaRisk-Compliance-Beauftragter erschwert. Die Rechtzeitigkeit der Information liegt jedenfalls dann vor, wenn sich das Aufsichtsorgan vor Durchführung des Wechsels ein ausreichendes Bild über die Gründe und Umstände des Wechsels machen kann. Eine bloße Information im Rahmen der regelmäßigen Risikoberichterstattung im Aufsichtsrat genügt daher regelmäßig nicht.

5.4 Fachliche Qualifikation des MaRisk-Compliance-Beauftragten (AT 7.1 Tz. 2)

Der Kernabschnitt zur MaRisk-Compliance-Funktion (AT 4.4.2) enthält keine Ausführungen zur fachlichen Qualifikation des MaRisk-Compliance-Beauftragten, wie diese etwa aus § 7 Abs. 4 Satz 2 GwG für die Qualifikation des Geldwäschebeauftragten oder in BT 1.3.1.3 für die Sachkunde von Mitarbeitern im WpHG-Compliance-Bereich bzw. den WpHG-Compliance-Beauftragten bekannt sind (§ 87 Abs. 5 Satz 1 WpHG i. V. m. § 3 WpHGMaAnzV). Allerdings gehen die Erläuterungen der BaFin zu Abschnitt AT 7.1 Tz. 2, mithin Anforderungen an Personalressourcen, explizit auf den MaRisk-Compliance-Beauftragten ein. Nach AT 7.1 Tz. 2 müssen – ganz allgemein – Mitarbeiter sowie deren Vertreter abhängig von ihren Aufgaben, Kompetenzen und Verantwortlichkeiten über erforderliche Kenntnisse und Erfahrungen verfügen. Dabei ist ein angemessenes Qualifikationsniveau zu gewährleisten. Kenntnisse und Erfahrungen bzw. ein angemessenes Qualifikationsniveau können dabei durch (regelmäßige) interne oder externe Schulungen, Seminare oder einschlägige Fachveranstaltungen sowie Praktika erlangt und auf aktuellem Stand gehalten werden. Gegebenenfalls sind entsprechende Personalentwicklungsmaßnahmen zu ergreifen. Auch die Einstellung von neuem Fachpersonal für diese Funktion ist denkbar. Die Erläuterungen der BaFin zu AT 7.1 Tz. 2 führen darüber hinaus aus, dass u. a. der Compliance-Beauftragte *„besonderen qualitativen Anforderungen"*, die dem Aufgabengebiet entsprechen, zu genügen hat. Was unter diesen *„besonderen qualitativen Anforderungen"* zu verstehen sein soll, bleibt aber unklar, hauptsächlich deshalb, da ja ohnehin bereits Kenntnisse und Erfahrungen sowie ein angemessenes Qualifikationsniveau vorliegen müssen. Aus Proportionalitätsgründen sollte die Erläuterung zu AT 7.1 Tz. 2 aber sicherlich zumindest bei kleinen und mittleren Instituten, wie vor allem den genossenschaftlichen Ortsbanken, nicht überbewertet werden. Der BVR hatte bereits mit Rundschreiben vom 4. Dezember 2013 den Instituten eine diesbezügliche Funktionsbeschreibung übermittelt, die auch ein detailliertes Anforderungsprofil einschließlich Fach-, Methoden-, Persönlichkeits- und Sozialkompetenzen enthält und für die Bedürfnisse dieser Institute ausreichend ist.

6 Auslagerung der MaRisk-Compliance-Funktion

In den zum 1. Januar 2013 in Kraft getretenen MaRisk gab es zunächst keine speziellen Regelungen zur Auslagerung der MaRisk-Compliance-Funktion. Dies hat sich mit der jüngsten MaRisk-Novelle in 2017 jedoch geändert. Faktisch wurde mit den neu eingefügten diesbezüglichen Regelungen die Möglichkeit einer vollständigen Auslagerung der MaRisk-Compliance-Funktion eingeschränkt bzw. erschwert.

6.1 Durchführung der Risikoanalyse (AT 9 Tz. 2)

Ein ausdrücklicher Bezug zur Auslagerung der MaRisk-Compliance-Funktion findet sich zunächst in den Erläuterungen zu AT 9 Tz. 2 MaRisk. Wie bisher müssen Institute mittels einer Risikoanalyse festlegen, ob die Auslagerung von Aktivitäten und Prozessen wesentlich ist und damit der vollständige Pflichtenkanon nach § 25b KWG i. V. m. AT 9 der MaRisk zu beachten ist. In der Risikoanalyse sind alle für das Institut relevanten Aspekte in Zusammenhang mit der Auslagerung zu berücksichtigen, so z. B. wesentliche Risiken oder die Eignung des Auslagerungsunternehmens. Die Intensität der Analyse ist dabei von Art, Umfang, Komplexität und Risikogehalt der ausgelagerten Aktivitäten und Prozesse abhängig. Mit Blick auf die MaRisk-Compliance-Funktion erfolgt in den Erläuterungen zu AT 9 Tz. 2 MaRisk nunmehr ein neuer Hinweis zur Frage der Wesentlichkeit der Auslagerung. Die vollständige oder auch nur teilweise Auslagerung u. a. der MaRisk-Compliance-Funktion wird dort nämlich als Auslagerung von erheblicher Tragweite eingestuft, mit der Folge, dass entsprechend intensiv zu prüfen ist, ob und wie die Einbeziehung der Auslagerung in das Risikomanagement weiterhin sichergestellt werden kann. Die Auslagerung der MaRisk-Compliance-Funktion wurde vom Arbeitskreis Outsourcing des BVR schon bisher regelmäßig als wesentliche Auslagerung eingestuft.[1]

6.2 Zulässigkeit der Auslagerung (AT 9 Tz. 4, 5)

Nach AT 9 Tz. 4 MaRisk sind grundsätzlich alle Aktivitäten und Prozesse auslagerbar, sofern dadurch die Ordnungsmäßigkeit der Geschäftsorganisation nicht beeinträchtigt wird, die Auslagerung nicht zu einer Delegation der Verantwortung der Geschäftsleitung an das Auslagerungsunternehmen führt und keine Leitungsaufgaben der Geschäftsleitung ausgelagert werden. Bei der vollständigen oder teilweisen Auslagerung der MaRisk-Compliance-Funktion ergeben sich nach AT 9 Tz. 4 MaRisk *„besondere Maßstäbe für Auslagerungsmaßnahmen"*. So sind zwar Funktionen oder Organisationseinheiten, denen sich die Geschäftsleitung bei Ausübung ihrer Leitungsaufgaben bedient, wozu auch die MaRisk-Compliance-Funktion zählt, nach den Erläuterungen der BaFin zu AT 9 Tz. 4 MaRisk sowohl intern als auch – mittels Auslagerung – extern delegierbar. Eine externe Delegierung bzw. Auslagerung ist sodann allerdings nur unter den Voraussetzungen von AT 9 Tz. 5 MaRisk zulässig.

Insbesondere eine vollständige Auslagerung der MaRisk-Compliance-Funktion ist danach überhaupt nur in zwei Fällen möglich. Für den Genossenschaftssektor besonders wichtig ist dabei der Fall der vollständigen Auslagerung der MaRisk-Compliance-Funktion bei *„kleinen Instituten"*. Bei diesen *„kleinen Instituten"* ist die vollständige Auslagerung der MaRisk-Compliance-Funktion möglich, *„sofern deren Einrichtung vor dem Hintergrund der Institutsgröße sowie der Art, des Umfangs der Komplexität und des Risikogehalts der betriebenen Geschäftsaktivitäten nicht angemessen erscheint."* Ungeklärt bleibt dabei weiterhin, wann genau ein Institut unter Beachtung der genannten Proportionalitätsaspekte als klein anzusehen ist. Ähnliche Proportionalitätsbeschreibungen finden sich auch an anderen Stellen der MaRisk im Zusammenhang mit der MaRisk-Compliance-Funktion etwa in AT 4.4.2 Tz. 3 und 5. Die Unklarheit wird auch noch dadurch verstärkt, dass für unterschiedliche aufsichtliche Themengebiete, diese Frage unterschiedlich beantwortet wird.[2] Andererseits eröffnet diese Unklarheit auch

1 BVR-Bankreihe Band 41, Outsourcing in Genossenschaftsbanken, 3. Aufl., S. 195. Vgl. dort auch die Einschätzung wesentlicher Risikoparameter in der Risikoanalyse bei Auslagerung der MaRisk-Compliance-Funktion.

2 So ist etwa bei der Bankenabgabe ein kleines Institut ein solches mit einer Bilanzsumme von bis zu 1 Mrd. € bzw. 3 Mrd. €, bei Erleichterungen für das FinRep-Reporting bis 3 Mrd. € Bilanzsumme oder nach den Vorstellungen der EBA in Technischen Standards für vereinfachte Anforderungen

Interpretations- und Beurteilungsspielräume, die von Instituten genutzt werden können. Nach Auffassung der BaFin ist die Beurteilung, ob ein „kleines“ Institut vorliegt, jeweils im Einzelfall zu treffen.

Der zweite Fall der Zulässigkeit einer vollständigen Auslagerung spielt für genossenschaftliche Ortsbanken hingegen fast keine Rolle, da diese die Auslagerung von einem Tochterinstitut innerhalb einer Institutsgruppe auf das übergeordnete Institut bzw. gruppeninterne Auslagerungen betrifft.

Selbst bei einer nur teilweisen Auslagerung der MaRisk-Compliance-Funktion ist aber zu gewährleisten, dass das Institut weiterhin über fundierte Kenntnisse und Erfahrungen verfügt, um eine wirksame Überwachung der vom Auslagerungsunternehmen erbrachten Dienstleistungen zu gewährleisten und – z. B. im Fall der Beendigung der Auslagerung – den ordnungsgemäßen Betrieb in diesem Bereich fortsetzen zu können. Die Errichtung einer „Schatten“-MaRisk-Compliance-Funktion in diesem Fall kann aber kaum gefordert sein. Auslagerungen würden ansonsten ad absurdum geführt.

bei der Sanierungs- und Abwicklungsplanung jedenfalls Institute, deren Bilanzsumme höchstens 0,02 % der Gesamtsumme aller Institute in einem Mitgliedstaat beträgt. Im Fall der beiden insolventen italienischen Banken Veneto Banca und Banca Popolare di Vicenza, die beide von der EZB unmittelbar überwacht wurden und deren Bilanzsummen rund 30 Mrd. € betrugen, sprach die Vorsitzende des Einheitlichen Abwicklungsausschusses (SRB), Frau Dr. König, bei einer Anhörung im Europäischen Parlament am 11. Juli 2017 sogar auch noch von „two small Italian banks“ (zwei kleinen italienischen Banken).

7 Arbeitshilfen im Verbund

Um die genossenschaftlichen Ortsbanken im Zusammenhang mit der MaRisk-Compliance-Funktion möglichst weitgehend von unnötigem bürokratischem Aufwand zu entlasten, hat der BVR in Zusammenarbeit mit den Regional- und Spartenverbänden eine ganze Reihe von Arbeitshilfen erstellt. Zwei der Arbeitshilfen, der Ad-hoc-Musterbericht und der Jahres-Musterbericht der MaRisk-Compliance-Funktion, sind auch im Anhang enthalten (siehe Kapitel 8).

- ▷ MaRisk-Leitfaden des BVR

  Im MaRisk-Leitfaden des BVR finden sich zu allen Abschnitten der MaRisk kurze Verbundinterpretationen, somit auch zu den Regelungen, die für die MaRisk-Compliance relevant sind.

- ▷ Musterbestandsaufnahme wesentlicher und unwesentlicher rechtlicher Regelungen und Vorgaben gemäß AT 4.4.2 Tz. 2 MaRisk (MaRisk-Compliance)

  In der Musterbestandsaufnahme sind die für durchschnittliche genossenschaftliche Ortsbanken relevanten rechtlichen Regelungen aufbereitet und nach verschiedenen Kategorien unterteilt. Die Musterbestandsaufnahme enthält zudem kurze Begründungen für die Einstufung in die Kategorie „wesentlich" oder „unwesentlich", die auf den compliance-relevanten Risiken basieren und in der Finanzgruppe abgestimmt wurden. Ferner sind in der Musterbestandsaufnahme für jede gesetzliche Regelung und Vorgabe zusätzliche Felder für die institutsinterne Zuständigkeit, Hinweise auf einschlägige Verbandsschreiben sowie auf etwaige laufende Gesetzgebungsverfahren bzw. Inkrafttretenszeitpunkte enthalten. Institute haben zudem die Möglichkeit, die Musterbestandsaufnahme, die in einer Excel-Tabelle hinterlegt ist, individuell zu erweitern (z. B. durch Spalten zu Besonderheiten aus Jahres- und Ad-hoc-Berichten der MaRisk-Compliance-Funktion, Ergebnissen aus etwaigen Kontrollen, besonderen institutsindividuellen Gefahrenpotenzialen, Ampelfunktionen für jeweilige Risikoeinstufung). Institutsindividuelle Anpassungen des Musters können notwendig sein. Die Musterbestandsaufnahme wird in regelmäßigen Abständen aktualisiert und vom BVR zur Verfügung gestellt.

▷ Jahres-Musterbericht der MaRisk-Compliance-Funktion

Das Muster für einen Jahresbericht der MaRisk-Compliance-Funktion soll die Institute so weit wie möglich entlasten und enthält eine Reihe standardisierter Formulierungen, die durch individuelle Bewertungen zu ergänzen sind. Der Bericht stellt dabei einen Einzelbericht dar, der ausschließlich Risiken des MaRisk-Compliance zum Gegenstand hat; andere Compliance-Funktionen (namentlich WpHG-Compliance, Geldwäsche, Datenschutz) werden dort nicht berücksichtigt. Der aktuelle Stand des Jahres-Musterberichts ist im Anhang wiedergegeben (siehe Anhang unter 8.1).

▷ Ad-hoc-Musterbericht der MaRisk-Compliance-Funktion

Das Muster für einen Ad-hoc-Bericht der MaRisk-Compliance-Funktion soll die Institute so weit wie möglich entlasten und enthält eine Reihe standardisierter Formulierungen, die durch individuelle Bewertungen zu ergänzen sind. Der aktuelle Stand des Ad-hoc-Musterberichts ist ebenfalls im Anhang wiedergegeben (siehe Anhang unter 8.2).

▷ Richtlinie zur Umsetzung der MaRisk-Compliance-Funktion gemäß AT 4.4.2 MaRisk (MaRisk-Compliance-Richtlinie)

Die MaRisk-Compliance-Richtlinie gibt vornehmlich einen Überblick über die Organisation der MaRisk-Compliance-Funktion im Institut, deren Aufgaben, Weisungs- und Kontrollrechte und weist auf Aspekte im Zusammenhang mit dem Berichtswesen hin.

▷ Arbeitspapier zur Umsetzung der MaRisk-Compliance-Funktion gemäß AT 4.4.2 MaRisk

Das Arbeitspapier unterstützt die Ortsbanken bei der Umsetzung eines organisatorischen Rahmens zur Erfüllung der Anforderungen an die MaRisk-Compliance-Funktion, vor allem im Rahmen der Geschäftsstrategie und des Risikohandbuchs.

▷ Funktionsbeschreibung der MaRisk-Compliance-Funktion im Konzept „Funktionen & Competencies (F & C)"

Die Funktionsbeschreibung enthält eine Zusammenstellung der Kernmerkmale der Funktion, überfachliche Aufgaben bzw. Leitungsaufgaben, funktionsspezifische Fachaufgaben sowie eine detaillierte Anforderungsbeschreibung.

Anhang

Anhang 1 KWG (Auszüge)

§ 25a Besondere organisatorische Pflichten; Verordnungsermächtigung

Ein Institut muss über eine ordnungsgemäße Geschäftsorganisation verfügen, die die Einhaltung der vom Institut zu beachtenden gesetzlichen Bestimmungen und der betriebswirtschaftlichen Notwendigkeiten gewährleistet. Die Geschäftsleiter sind für die ordnungsgemäße Geschäftsorganisation des Instituts verantwortlich; sie haben die erforderlichen Maßnahmen für die Ausarbeitung der entsprechenden institutsinternen Vorgaben zu ergreifen, sofern nicht das Verwaltungs- oder Aufsichtsorgan entscheidet. **Eine ordnungsgemäße Geschäftsorganisation muss insbesondere ein angemessenes und wirksames Risikomanagement umfassen, auf dessen Basis ein Institut die Risikotragfähigkeit laufend sicherzustellen hat; das Risikomanagement umfasst insbesondere**

1. die Festlegung von Strategien, insbesondere die Festlegung einer auf die nachhaltige Entwicklung des Instituts gerichteten Geschäftsstrategie und einer damit konsistenten Risikostrategie, sowie die Einrichtung von Prozessen zur Planung, Umsetzung, Beurteilung und Anpassung der Strategien;
2. Verfahren zur Ermittlung und Sicherstellung der Risikotragfähigkeit, wobei eine vorsichtige Ermittlung der Risiken und des zu ihrer Abdeckung verfügbaren Risikodeckungspotenzials zugrunde zu legen ist;
3. **die Einrichtung interner Kontrollverfahren mit einem internen Kontrollsystem und einer Internen Revision, wobei das interne Kontrollsystem insbesondere**
   a) aufbau- und ablauforganisatorische Regelungen mit klarer Abgrenzung der Verantwortungsbereiche,

b) Prozesse zur Identifizierung, Beurteilung, Steuerung sowie Überwachung und Kommunikation der Risiken entsprechend den in Titel VII Kapitel 2 Abschnitt 2 Unterabschnitt II der Richtlinie 2013/36/EU niedergelegten Kriterien und

c) eine Risikocontrolling-Funktion und **eine Compliance-Funktion umfasst;**

...

§ 25c Geschäftsleiter

Im Rahmen ihrer Gesamtverantwortung für die ordnungsgemäße Geschäftsorganisation des Instituts nach § 25a Abs. 1 Satz 2 haben die Geschäftsleiter eines Instituts dafür Sorge zu tragen, dass das Institut über folgende Strategien, Prozesse, Verfahren, Funktionen und Konzepte verfügt:

1. eine auf die nachhaltige Entwicklung des Instituts gerichtete Geschäftsstrategie und eine damit konsistente Risikostrategie sowie Prozesse zur Planung, Umsetzung, Beurteilung und Anpassung der Strategien nach § 25a Abs. 1 Satz 3 Nummer 1, mindestens haben die Geschäftsleiter dafür Sorge zu tragen, dass

   a) jederzeit das Gesamtziel, die Ziele des Instituts für jede wesentliche Geschäftsaktivität sowie die Maßnahmen zur Erreichung dieser Ziele dokumentiert werden;

   b) die Risikostrategie jederzeit die Ziele der Risikosteuerung der wesentlichen Geschäftsaktivitäten sowie die Maßnahmen zur Erreichung dieser Ziele umfasst;

2. Verfahren zur Ermittlung und Sicherstellung der Risikotragfähigkeit nach § 25a Abs. 1 Satz 3 Nummer 2, mindestens haben die Geschäftsleiter dafür Sorge zu tragen, dass

   a) die wesentlichen Risiken des Instituts, insbesondere Adressenausfall-, Marktpreis-, Liquiditäts- und operationelle Risiken, regelmäßig und anlassbezogen im Rahmen einer Risikoinventur identifiziert und definiert werden (Gesamtrisikoprofil);

   b) im Rahmen der Risikoinventur Risikokonzentrationen berücksichtigt sowie mögliche wesentliche Beeinträchtigungen der Vermögenslage, der Ertragslage oder der Liquiditätslage geprüft werden;

3. **interne Kontrollverfahren mit einem internen Kontrollsystem und einer internen Revision nach** § 25a **Abs. 1 Satz 3 Nummer 3 Buchstabe a bis c, mindestens haben die Geschäftsleiter dafür Sorge zu tragen, dass**

   a) im Rahmen der Aufbau- und Ablauforganisation Verantwortungsbereiche klar abgegrenzt werden, wobei wesentliche Prozesse und damit verbundene Aufgaben, Kompetenzen, Verantwortlichkeiten, Kontrollen sowie Kommunikationswege klar zu definieren sind und sicherzustellen ist, dass Mitarbeiter keine miteinander unvereinbaren Tätigkeiten ausüben;

b) eine grundsätzliche Trennung zwischen dem Bereich, der Kreditgeschäfte initiiert und bei den Kreditentscheidungen über ein Votum verfügt (Markt), sowie dem Bereich Handel einerseits und dem Bereich, der bei den Kreditentscheidungen über ein weiteres Votum verfügt (Marktfolge), und den Funktionen, die dem Risikocontrolling und die der Abwicklung und Kontrolle der Handelsgeschäfte dienen, andererseits besteht;

c) **das interne Kontrollsystem Risikosteuerungs- und -controllingprozesse zur Identifizierung, Beurteilung, Steuerung, Überwachung und Kommunikation der wesentlichen Risiken und damit verbundener Risikokonzentrationen sowie** eine Risikocontrolling-Funktion und **eine Compliance-Funktion umfasst;**

...

§ 54a Strafvorschriften

Mit Freiheitsstrafe bis zu fünf Jahren oder mit Geldstrafe wird bestraft, wer entgegen § 25c Abs. 4a oder § 25c Abs. 4b Satz 2 nicht dafür Sorge trägt, dass ein Institut oder eine dort genannte Gruppe über eine dort genannte Strategie, einen dort genannten Prozess, ein dort genanntes Verfahren, eine dort genannte Funktion oder ein dort genanntes Konzept verfügt, und hierdurch eine Bestandsgefährdung des Instituts, des übergeordneten Unternehmens oder eines gruppenangehörigen Instituts herbeiführt.

Wer in den Fällen des Absatzes 1 die Gefahr fahrlässig herbeiführt, wird mit Freiheitsstrafe bis zu zwei Jahren oder mit Geldstrafe bestraft.

Die Tat ist nur strafbar, wenn die Bundesanstalt dem Täter durch Anordnung nach § 25c Abs. 4c die Beseitigung des Verstoßes gegen § 25c Abs. 4a oder § 25c Abs. 4b Satz 2 aufgegeben hat, der Täter dieser vollziehbaren Anordnung zuwiderhandelt und hierdurch die Bestandsgefährdung herbeigeführt hat.

Anhang 2 MaRisk vom 16. August 2021 (Auszüge)

AT 1 Vorbemerkung		
1.	Dieses Rundschreiben gibt auf der Grundlage des § 25a Abs. 1 des Kreditwesengesetzes (KWG) einen flexiblen und praxisnahen Rahmen für die Ausgestaltung des Risikomanagements der Institute vor. Es präzisiert ferner die Anforderungen des § 25a Abs. 3 KWG (Risikomanagement auf Gruppenebene) sowie des § 25b KWG (Auslagerung). Ein angemessenes und wirksames Risikomanagement umfasst unter Berücksichtigung der Risikotragfähigkeit insbesondere die Festlegung von Strategien sowie die Einrichtung interner Kontrollverfahren. Die internen Kontrollverfahren bestehen aus dem internen Kontrollsystem und der Internen Revision. Das interne Kontrollsystem umfasst insbesondere ▷ Regelungen zur Aufbau- und Ablauforganisation, ▷ Prozesse zur Identifizierung, Beurteilung, Steuerung, Überwachung sowie Kommunikation der Risiken (Risikosteuerungs- und -controllingprozesse) und ▷ eine Risikocontrolling-Funktion und eine **Compliance-Funktion**. Das Risikomanagement schafft eine Grundlage für die sachgerechte Wahrnehmung der Überwachungsfunktionen des Aufsichtsorgans und beinhaltet deshalb auch dessen angemessene Einbindung.	**Zweigstellen gemäß § 53 KWG** Da bei Zweigstellen von Unternehmen mit Sitz im Ausland gemäß § 53 KWG kein Aufsichtsorgan vorhanden ist, haben diese Institute stattdessen in angemessener Form ihre Unternehmenszentralen einzubeziehen.

AT 4.3 Internes Kontrollsystem	
1. In jedem Institut sind entsprechend Art, Umfang, Komplexität und Risikogehalt der Geschäftsaktivitäten a) Regelungen zur Aufbau- und Ablauforganisation zu treffen, b) Risikosteuerungs- und -controllingprozesse einzurichten und c) eine Risikocontrolling-Funktion und **eine Compliance-Funktion** zu implementieren.	

AT 4.3.1 Aufbau- und Ablauforganisation	
1. Bei der Ausgestaltung der Aufbau- und Ablauforganisation ist sicherzustellen, dass miteinander unvereinbare Tätigkeiten durch unterschiedliche Mitarbeiter durchgeführt und auch bei Arbeitsplatzwechseln Interessenkonflikte vermieden werden. Beim Wechsel von Mitarbeitern der Handels- und Marktbereiche in nachgelagerte Bereiche und Kontrollbereiche sind für Tätigkeiten, die gegen das Verbot der Selbstprüfung und -überprüfung verstoßen, angemessene Übergangsfristen vorzusehen.	**Nachgelagerte Bereiche und Kontrollbereiche** Als nachgelagerte Bereiche und Kontrollbereiche i. S. d. Tz. sind anzusehen: ▷ Risikocontrolling-Funktion, ▷ Compliance-Funktion, ▷ Marktfolge, ▷ Abwicklung und Kontrolle. Sofern die Übergangsfristen zu einer unverhältnismäßigen Verzögerung im Betriebsablauf führen, können kleinere, weniger komplexe Institute abweichend hiervon alternative angemessene Kontrollmechanismen einrichten.

AT 4.4.2 Compliance-Funktion		
1.	Jedes Institut muss über eine Compliance-Funktion verfügen, um den Risiken, die sich aus der Nichteinhaltung rechtlicher Regelungen und Vorgaben ergeben können, entgegenzuwirken. Die Compliance-Funktion hat auf die Implementierung wirksamer Verfahren zur Einhaltung der für das Institut wesentlichen rechtlichen Regelungen und Vorgaben und entsprechender Kontrollen hinzuwirken. Ferner hat die Compliance-Funktion die Geschäftsleitung hinsichtlich der Einhaltung dieser rechtlichen Regelungen und Vorgaben zu unterstützen und zu beraten.	**Verantwortung der Geschäftsleiter und der Geschäftsbereiche** Unbeschadet der Aufgaben der Compliance-Funktion bleiben die Geschäftsleiter und die Geschäftsbereiche für die Einhaltung rechtlicher Regelungen und Vorgaben uneingeschränkt verantwortlich. **Verhältnis zu anderen aufsichtlichen Vorgaben** Alle sonstigen Vorgaben zur Compliance-Funktion, die sich aus anderen Aufsichtsgesetzen ergeben (insbesondere § 80 Abs. 1 WpHG und Art. 22 Delegierte Verordnung (EU) 2017/565 insbesondere § 33 WphG in Verbindung mit dem Rundschreiben „MaComp"; § 25h KWG in Verbindung mit konkretisierenden Verwaltungsvorschriften), bleiben unberührt.
2.	Die Identifizierung der wesentlichen rechtlichen Regelungen und Vorgaben, deren Nichteinhaltung zu einer Gefährdung des Vermögens des Instituts führen kann, erfolgt unter Berücksichtigung von Risikogesichtspunkten in regelmäßigen Abständen durch die Compliance-Funktion.	
3.	Grundsätzlich ist die Compliance-Funktion unmittelbar der Geschäftsleitung unterstellt und berichtspflichtig. Sie kann auch an andere Kontrolleinheiten angebunden werden, sofern eine direkte Berichtslinie zur Geschäftsleitung existiert. Zur Erfüllung ihrer Aufgaben kann die Compliance-Funktion auch auf andere Funktionen und Stellen zurückgreifen. Die Compliance-Funktion ist abhängig von der Größe des Instituts sowie der Art, des Umfangs, der Komplexität und dem Risikogehalt der Geschäftsaktivitäten in einem von den Be-	**Anbindung an andere Kontrolleinheiten** Andere Kontrolleinheiten können z. B. das Risikocontrolling oder der Geldwäschebeauftragte, nicht jedoch die Interne Revision sein.

AT 4.4.2 Compliance-Funktion		
	reichen Markt und Handel unabhängigen Bereich anzusiedeln.	
4.	Bedeutende Institute haben für die Compliance-Funktion grundsätzlich eine eigenständige Organisationseinheit einzurichten.	**Eigenständige Compliance-Einheit** Die Kriterien der Verhältnismäßigkeit richten sich nach den Ausführungen in Titel I der EBA/GL/2017/11. In der eigenständigen Einheit für die Compliance-Funktion dürfen auch weitere, Compliancenahe Bereiche angesiedelt sein (z. B. WpHG-Compliance, Geldwäschebeauftragter, Datenschutz).
5.	Das Institut hat einen Compliance-Beauftragten zu benennen, der für die Erfüllung der Aufgaben der Compliance-Funktion verantwortlich ist. Abhängig von Art, Umfang, Komplexität und Risikogehalt der Geschäftsaktivitäten sowie der Größe des Instituts kann im Ausnahmefall die Funktion des Compliance-Beauftragten auch einem Geschäftsleiter übertragen werden.	
6.	Den Mitarbeitern der Compliance-Funktion sind ausreichende Befugnisse und ein uneingeschränkter Zugang zu allen Informationen einzuräumen, die für die Erfüllung ihrer Aufgaben erforderlich sind. Weisungen und Beschlüsse der Geschäftsleitung, die für die Compliance-Funktion wesentlich sind, sind ihr bekannt zu geben. Über wesentliche Änderungen der Regelungen, die die Einhaltung der wesentlichen rechtlichen Regelungen und Vorgaben gewährleisten sollen, sind die Mitarbeiter der Compliance-Funktion rechtzeitig zu informieren.	
7.	Die Compliance-Funktion hat mindestens jährlich sowie anlassbezogen der Geschäftsleitung über ihre Tätigkeit Bericht zu erstatten. Darin ist auf die Angemessenheit und Wirksamkeit der Re-	**Ausschüsse des Aufsichtsorgans** Adressat der Berichterstattung sollte grundsätzlich jedes Mitglied des Aufsichtsorgans sein. Soweit das Aufsichtsorgan Ausschüsse

AT 4.4.2 Compliance-Funktion		
	gelungen zur Einhaltung der wesentlichen rechtlichen Regelungen und Vorgaben einzugehen. Ferner hat der Bericht auch Angaben zu möglichen Defiziten sowie zu Maßnahmen zu deren Behebung zu enthalten. Die Berichte sind auch an das Aufsichtsorgan und die Interne Revision weiterzuleiten.	gebildet hat, kann die Weiterleitung der Informationen auch auf einen Ausschuss beschränkt werden. Voraussetzung dafür ist, dass ein entsprechender Beschluss über die Einrichtung des Ausschusses besteht und der Vorsitzende des Ausschusses regelmäßig das gesamte Aufsichtsorgan informiert. Zudem ist jedem Mitglied des Aufsichtsorgans weiterhin das Recht einzuräumen, die an den Ausschuss geleitete Berichterstattung einsehen zu können.
8.	Wechselt die Position des Compliance-Beauftragten, ist das Aufsichtsorgan rechtzeitig vorab unter Angabe der Gründe für den Wechsel zu informieren.	

AT 5 Organisationsrichtlinien		
3.	AT 5 [3] Die Organisationsrichtlinien haben vor allem Folgendes zu beinhalten: a) Regelungen für die Aufbau- und Ablauforganisation sowie zur Aufgabenzuweisung, Kompetenzordnung und zu den Verantwortlichkeiten, b) Regelungen hinsichtlich der Ausgestaltung der Risikosteuerungs- und -controllingprozesse, c) Regelungen zu den Verfahren, Methoden und Prozessen der Aggregation von Risikodaten (bei bedeutenden Instituten), d) Regelungen zur Internen Revision, e) Regelungen, die die Einhaltung rechtlicher Regelungen und Vorga-	**Regelungen zu Verfahrensweisen bei Auslagerungen** Die Regelungen zu Verfahrensweisen bei Auslagerungen haben die zentralen Phasen des Lebenszyklus von Auslagerungsvereinbarungen zu umfassen und Definitionen der Grundsätze, Zuständigkeiten und Prozesse zu enthalten. Die Regelungen zu Verfahrensweisen in Bezug auf Auslagerungen sollen sicherstellen, dass das Auslagerungsunternehmen in einer mit den Werten und dem Verhaltenskodex des auslagernden Instituts im Einklang stehenden Weise handelt.

AT 5 Organisationsrichtlinien	
ben (z. B. Datenschutz, Compliance) gewährleisten, f) Regelungen zu Verfahrensweisen bei Auslagerungen, g) abhängig von der Größe des Instituts sowie der Art, dem Umfang, der Komplexität und dem Risikogehalt der Geschäftsaktivitäten, einen Verhaltenskodex für die Mitarbeiter.	

AT 7.1 Personal		
2.	Die Mitarbeiter sowie deren Vertreter müssen abhängig von ihren Aufgaben, Kompetenzen und Verantwortlichkeiten über die erforderlichen Kenntnisse und Erfahrungen verfügen. Durch geeignete Maßnahmen ist zu gewährleisten, dass das Qualifikationsniveau der Mitarbeiter angemessen ist.	**Anforderungen an die Qualifikation bei besonderen Funktionen** Die mit der Leitung der Risikocontrolling-Funktion und der Leitung der Internen Revision betrauten Personen sowie der **Compliance-Beauftragte** haben besonderen qualitativen Anforderungen entsprechend ihres Aufgabengebietes zu genügen.

AT 8.1 Neu-Produkt-Prozess		
5.	Sowohl in die Erstellung des Konzeptes als auch in die Testphase sind die später in die Arbeitsabläufe eingebundenen Organisationseinheiten einzuschalten. Im Rahmen ihrer Aufgaben sind auch die Risikocontrolling-Funktion, die **Compliance-Funktion** und die Interne Revision zu beteiligen.	

AT 8.2 Änderungen betrieblicher Prozesse oder Strukturen		
1.	Vor wesentlichen Veränderungen in der Aufbau- und Ablauforganisation sowie in den IT-Systemen hat das Institut die Auswirkungen der geplanten Veränderungen auf die Kontrollverfahren und die Kontrollintensität zu analysieren. In diese Analysen sind die später in die Arbeitsabläufe eingebundenen Organisationseinheiten einzuschalten. Im Rahmen ihrer Aufgaben sind auch die Risikocontrolling-Funktion, die **Compliance-Funktion** und die Interne Revision zu beteiligen.	

AT 9 Auslagerung		
2.	Das Institut muss anhand einer Risikoanalyse bewerten, welche Risiken mit einer Auslagerung verbunden sind. Ausgehend von dieser Risikoanalyse ist eigenverantwortlich festzulegen, welche Auslagerungen von Aktivitäten und Prozessen unter Risikogesichtspunkten wesentlich sind (wesentliche Auslagerungen). Diese ist auf der Grundlage von institutsweit bzw. gruppenweit einheitlichen Rahmenvorgaben sowohl regelmäßig als auch anlassbezogen durchzuführen. Die Ergebnisse der Risikoanalyse sind in der Auslagerungs- und Risikosteuerung zu beachten. Die maßgeblichen Organisationseinheiten sind bei der Erstellung der Risikoanalyse einzubeziehen. Im Rahmen ihrer Aufgaben ist auch die Interne Revision zu beteiligen.	**Risikoanalyse** Bei der Risikoanalyse sind alle für das Institut relevanten Aspekte im Zusammenhang mit der Auslagerung zu berücksichtigen (z. B. die wesentlichen Risiken der Auslagerung einschließlich möglicher Risikokonzentrationen (u. a. mehrere Auslagerungsvereinbarungen bzw. Auslagerungsverträge mit demselben Auslagerungsunternehmen), Risiken aus Weiterverlagerungen, politische Risiken, Maßnahmen zur Steuerung und Minderung der Risiken, Eignung des Auslagerungsunternehmens, mögliche Interessenskonflikte, Schutzbedarf der an das Auslagerungsunternehmen übermittelten Daten, Kosten), wobei die Intensität der Analyse von Art, Umfang, Komplexität und Risikogehalt der ausgelagerten Aktivitäten und Prozesse abhängt. Insbesondere ist in der Risikoanalyse zu berücksichtigen, inwiefern eine auszulagernde Aktivität oder ein auszulagernder Prozess innerhalb der Prozesslandschaft des Instituts als von wesentlicher Bedeutung einzustufen ist. Bei Auslagerungen von erheblicher Tragweite, wie z. B. der vollständigen oder teilweisen Auslagerung der besonderen Funktionen Risiko-

AT 9 Auslagerung		
		controlling-Funktion, Compliance-Funktion, Interne Revision oder von Kernbankbereichen, ist entsprechend intensiv zu prüfen, ob und wie eine Einbeziehung der ausgelagerten Aktivitäten und Prozesse in das Risikomanagement sichergestellt werden kann. Die Risikoanalyse ist durch eine Szenarioanalyse, soweit sinnvoll und verhältnismäßig, zu ergänzen. Für die Szenarioanalyse sind, sofern verfügbar, interne und externe Verlustdaten zu verwenden. Kleinere, weniger komplexe Institute können qualitative Ansätze für die Risikoanalyse heranziehen.
5.	Eine Auslagerung von Aktivitäten und Prozessen in Kontrollbereichen und Kernbankbereichen kann unter Beachtung der in Tz. 4 genannten Anforderungen in einem Umfang vorgenommen werden, der gewährleistet, dass hierdurch das Institut weiterhin über Kenntnisse und Erfahrungen verfügt, die eine wirksame Überwachung der vom Auslagerungsunternehmen erbrachten Dienstleistungen gewährleistet. Es ist sicherzustellen, dass bei Bedarf – im Falle der Beendigung des Auslagerungsverhältnisses oder der Änderung der Gruppenstruktur – der ordnungsmäßige Betrieb in diesen Bereichen fortgesetzt werden kann. Eine vollständige Auslagerung der besonderen Funktionen Risikocontrolling-Funktion, Compliance-Funktion oder Interne Revision ist lediglich für Tochterinstitute innerhalb einer Institutsgruppe zulässig, sofern das auslagernde Institut sowohl hinsichtlich seiner Größe, Komplexität und dem Risikogehalt der Geschäftsaktivitäten für den nationalen Finanzsektor als auch hinsichtlich seiner Bedeutung innerhalb der Gruppe als nicht wesentlich einzustufen ist. Gleiches gilt für Gruppen, wenn das Mutterunternehmen kein Institut und im Inland ansässig ist. Eine	**Leitungsaufgaben der Geschäftsleitung** Zu den nicht auslagerbaren Leitungsaufgaben der Geschäftsleitung zählen die Unternehmensplanung, -koordination, -kontrolle und die Besetzung der Führungskräfte. Hierzu gehören auch Aufgaben, die der Geschäftsleitung durch den Gesetzgeber oder durch sonstige Regelungen explizit zugewiesen sind (z. B. die Entscheidung über Großkredite nach § 13 KWG oder die Festlegung der Strategien). Von den Leitungsaufgaben abzugrenzen sind Funktionen oder Organisationseinheiten, deren sich die Geschäftsleitung bei der Ausübung ihrer Leitungsaufgaben bedient (insbesondere Risikocontrolling-Funktion, **Compliance-Funktion,** Interne Revision). Diese können sowohl nach innen als auch – unter den Voraussetzungen der Tz. 5 – durch Auslagerung nach außen delegiert werden. **Befugnis der Leistungserbringung des Auslagerungsunternehmens** Durch das Institut ist sicherzustellen, dass das Auslagerungsunternehmen nach dem Recht seines Sitzlandes zur Ausübung der ausgelagerten Aktivitäten und Prozesse befugt ist und über dazu ggf. erforderliche Erlaubnisse und Registrierungen verfügt. Bei Auslagerungen an Unternehmen mit Sitz außerhalb des Europäischen Wirtschaftsraums (EWR) hat das In-

AT 9 Auslagerung	
vollständige Auslagerung der Compliance-Funktion oder der Internen Revision ist ferner nur bei kleinen Instituten möglich, sofern deren Einrichtung vor dem Hintergrund der Institutsgröße sowie der Art, des Umfangs, der Komplexität und des Risikogehalts der betriebenen Geschäftsaktivitäten nicht angemessen erscheint.	stitut, sofern es sich um ausgelagerte Aktivitäten oder Prozesse i. V. m. Bankgeschäften in einem Umfang handelt, der im Inland eine Zulassung oder Registrierung durch die zuständigen Aufsichtsbehörden erfordern würde, ferner sicherzustellen, dass das Auslagerungsunternehmen von den zuständigen Aufsichtsbehörden in dem Drittstaat beaufsichtigt wird und eine entsprechende Kooperationsvereinbarung, z. B. in Form einer Absichtserklärung (Memorandum of Understanding) oder College-Vereinbarung, zwischen den für die Beaufsichtigung des Instituts zuständigen Aufsichtsbehörden und den für die Beaufsichtigung des Auslagerungsunternehmens zuständigen Aufsichtsbehörden, besteht.

Anhang 3 Übersendungsschreiben der BaFin an die Verbände der Kreditwirtschaft zur MaRisk-Novelle 2012 – Veröffentlichung der Endfassung vom 14. Dezember 2012 (Auszug)

Sehr geehrte Damen und Herren,

in der Anlage übersende ich Ihnen die offizielle Endfassung der überarbeiteten MaRisk, die den Schlusspunkt einer mehrmonatigen Konsultation mit der Kreditwirtschaft bildet. Vorangegangen waren intensive Diskussionen mit Verbänden und Praxisvertretern zum Entwurf der MaRisk, aus der eine Reihe von konstruktiven Lösungsansätzen hervorgingen, die demgemäß auch in die Endfassung eingeflossen sind. Das neue Rundschreiben sowie einige weitere relevante Dokumente sind diesem Schreiben als Anlagen beigefügt. Alle Dokumente können zudem unter www.bafin.de und www.bundesbank.de abgerufen werden.

Über die Hintergründe für die erneute Überarbeitung, die schwerpunktmäßig in den internationalen Regulierungsvorhaben (CRD IV, EBA Guidelines on Internal Governance, CEBS Guidelines on Liquidity Cost Benefit Allocation) zu suchen sind, hatte ich Sie schon mit dem Anschreiben zum ersten Entwurf vom 26.04.2012 informiert. Sichtbaren Niederschlag haben diese internationalen Vorgaben vor allem in den neuen Modulen AT 4.4.1 (Risikocontrolling-Funktion) und AT 4.4.2 (Compliance-Funktion) sowie in den Änderungen des BTR 3.1 (Verrechnungssystem für Liquiditätskosten, -nutzen und -risiken) gefunden. Weiterhin ist das Modul AT 8 nun in drei Untermodule aufgeteilt, um die verschiedenen Aspekte, die dort abgehandelt werden – Neu-Produkt-Prozess, Änderungen betrieblicher Strukturen, Übernahmen/Fusionen – stärker voneinander abzugrenzen. Weitere Anpassungen haben teils internationalen Hintergrund (z. B. Mindestabwesenheiten von Händlern), teils dienen sie aber auch dazu, die Erwartungshaltung der Aufsicht hinsichtlich schon existierender Vorgaben stärker zu verdeutlichen (z. B. Anpassungen in AT 4.1 Tz. 8, AT 4.3.2).

Compliance-Funktion

Die Diskussionen während der Konsultation bezüglich des neuen Untermoduls AT 4.4.2 hat gezeigt, dass in der Praxis noch viel Unsicherheit hinsichtlich der aufsichtlichen Erwartungshaltung herrscht. Dies betrifft sowohl den Umfang der rechtlichen Regelungen und Vorgaben, die diese Funktion im Fokus haben soll, als auch die organisatorische Einordnung und den konkreten Aufgabenumfang. Hier einige klarstellende Bemerkungen:

Im Kern zielen die neuen Anforderungen an die Compliance-Funktion auf eine angemessene Compliance-Kultur innerhalb des Instituts ab, die natürlich auch die Geschäftsbereiche umfasst. Diese werden in letzter Konsequenz für die Implementierung wirksamer Verfahren, die die Einhaltung der rechtlichen Regelungen und Vorgaben sicherstellen, auch weiterhin verantwortlich bleiben. Die Compliance-Funktion wird demgegenüber auch eine stärker beratende und koordinierende Funktion ausüben. Sie soll darauf achten, dass die Geschäftsbereiche dieser oben genannten Verantwortung nachkommen und keine unerwünschten Regelungslücken im Institut auftreten.

Während der Konsultation ist mehrfach die Frage aufgekommen, welche rechtlichen Regelungen und Vorgaben dabei zu betrachten sind. Bisweilen wurde und wird befürchtet, die Aufsicht verlange einen umfassenden Ansatz, der (nahezu) alle relevanten Rechtsbereiche eines Instituts umfasst. Ich kann Ihnen versichern, dass solche Befürchtungen völlig unbegründet sind. Es würde auch die Tatsache ignorieren, dass einige wichtige Bereiche schon heute durch andere Kontroll- und Stabseinheiten bzw. spezialisierte Mitarbeiter adressiert werden. Das Risikocontrolling, das Rechnungswesen oder der Bereich Recht seien hier exemplarisch angeführt. Wesentliche rechtliche Regelungen und Vorgaben, die im Zusammenhang mit der Compliance-Funktion relevant sind, können als solche angesehen werden, denen ein wesentliches Compliance-Risiko anhaftet. Demzufolge lassen sich die Rechtsbereiche, um die es hier in letzter Konsequenz gehen soll, deutlich stärker eingrenzen: Vorgaben zu Wertpapierdienstleistungen (WphG), Geldwäsche und Terrorismusfinanzierung, allgemeine Verbraucherschutzvorgaben (z. B. auch mit Bezug auf das Kreditgeschäft oder andere Aktivitäten), Datenschutzvorgaben, Verhinderung doloser Handlungen zu Lasten des Instituts, ggf. weitere rechtliche Regelungen und Vorgaben, soweit sie vom Institut als unter Compliance-Gesichtspunkten wesentlich eingestuft wurden. Viele dieser Rechtsbereiche sind schon heute Gegenstand von Compliance-Vorgaben. Es erscheint mir praktikabel, die diesbezüglichen Aufgaben soweit wie möglich zu bündeln, auch wenn die MaRisk dies nicht zwingend einfordern. Eine dezentrale Wahrnehmung wird grundsätzlich auch weiterhin möglich sein, wobei spezielle aufsichtliche Vorgaben zu einzelnen Bereichen weiterhin zu beachten sind. Wichtig ist, dass die genannten Rechtsbereiche unter Compliance-Gesichtspunkten adressiert werden und eine entsprechende Berichterstattung an die Geschäftsleitung erfolgt.

In den MaRisk ist ferner klargestellt, dass die Aufgaben der Compliance-Funktion nicht bei der Internen Revision angesiedelt werden dürfen. Damit wird die prozessunabhängige Rolle der Revision nochmals hervorgehoben. Insbesondere soll verdeutlicht werden, dass die Durchführung von Prüfungen – unbeschadet der Durchführung von Kontrollhandlungen der Compliance-Funktion, wie sie sich auch teilweise aus speziellen rechtlichen Regelungen und Vorgaben für einzelne Bereiche ergeben – uneingeschränkt Aufgabe der Internen Revision ist und bleibt. Dies schließt im Übrigen auch die Ordnungsmäßigkeit der Compliance-Funktion selbst mit ein.

Anhang 4 Protokoll der BaFin zur Sitzung des Fachgremiums MaRisk am 24. April 2013 in Bonn zum Thema: Compliance-Funktion

Mindestanforderungen an das Risikomanagement (MaRisk)

Protokoll zur Sitzung des Fachgremiums MaRisk am 24. April 2013 in Bonn (BaFin)

Thema: Compliance-Funktion

1. Begrüßung

2. Allgemeine Anmerkungen zum Thema Compliance-Funktion

Die BaFin fasst zu Beginn der Sitzung kurz ihre Sichtweise zum Thema Compliance-Funktion zusammen, wie sie sie im Ansatz auch schon im Anschreiben zur Endfassung zur MaRisk-Novelle zum Ausdruck gebracht hat. Die neu in die MaRisk eingefügten Anforderungen zur Compliance-Funktion basieren schwerpunktmäßig auf einschlägigen Passagen in den EBA Guidelines on Internal Governance[1]. Weitere Aspekte hierzu, die in die gleiche Richtung zielen, lassen sich einem Papier des Baseler Ausschusses zum Thema Compliance[2] entnehmen. Mit der Compliance-Funktion soll nicht nur den Risiken, die sich aus der Nichteinhaltung rechtlicher Regelungen und Vorgaben ergeben können, begegnet werden. Sie ist vielmehr auch ein wichtiger Baustein zur Förderung einer einheitlichen Compliance-Kultur im Institut.

Beim Themenkomplex Compliance handelt es sich im Grunde nicht um eine neue Materie. Zunächst ist es natürlich eine Selbstverständlichkeit, dass Unternehmen – gleich welcher Branche – sicherzustellen haben, dass gesetzliche Regelungen und Vorgaben in Gänze befolgt und beachtet werden. Auch existierten schon vor der MaRisk-Überarbeitung Rechtsgebiete, die mit speziellen Compliance-Vorgaben belegt waren und sind. Namentlich sind hier die Vorgaben des WphG (MaComp), des § 25c KWG (Geldwäsche, sonstige strafbare Handlungen) und des Datenschutzgesetzes zu nennen. Die Tatsache, dass alle gesetzlichen Regelungen und Vorgaben zu beachten sind, bedeutet hingegen nicht, dass alle Rechtsbereiche gleichermaßen von einer speziell dafür eingerichteten Compliance-Funktion abgedeckt werden müssen. Diese wird sich aus Sicht der Aufsicht auf ganz bestimmte rechtliche Regelungen konzentrieren, nämlich auf solche, die mit Compliance-

1 EBA Guidelines on Internal Governance (GL 44), 27.09.2011; abrufbar unter http://www.europa.eu/Publications/Guidelines.aspx.

2 BCBS: Compliance and the compliance function in banks, 29.04.2005; abrufbar unter http://www.bis.org/publ/bcbs113.htm.

Risiken behaftet sind. In den einschlägigen internationalen Papieren wird weder der genaue Aufgabenumfang der Compliance-Funktion beschrieben noch eine abschließende Definition von Compliance-Risiken vorgenommen. Gleichwohl lässt sich konstatieren, dass die hier im Fokus stehenden Compliance-Risiken sich insbesondere dadurch „auszeichnen", dass bei einer Nichtbeachtung von rechtlichen Regelungen und Vorgaben vor allem (Geld-)Strafen/Bußgelder, Schadenersatzansprüche und/oder die Nichtigkeit von Verträgen drohen, die zu einer Gefährdung des Vermögens des Instituts führen können. So interpretiert lassen sich daraus Rückschlüsse ziehen, welche Art von rechtlichen Regelungen und Vorgaben (mindestens) von der Compliance-Funktion aufzugreifen sind. Neben jenen Rechtsbereichen, die schon aufgrund spezialgesetzlicher Anforderungen besonderen Compliance-Anforderungen unterliegen, sind weitere rechtlichen Regelungen und Vorgaben, die von der Compliance-Funktion abzudecken sind, eigenverantwortlich vom Institut zu identifizieren. Insofern wird eine vorgelagerte Identifizierung bzw. Analyse möglicher Compliance-Risiken eine wichtige Rolle einnehmen.

Was die organisatorische Anbindung betrifft, weist die BaFin darauf hin, dass unter der Einhaltung der Grundprämisse, nämlich der direkten Anbindung an die Geschäftsleitung, grundsätzlich mehrere Lösungen denkbar und möglich sind. Weitere Einzelheiten hierzu werden unter dem Themenpunkt „Organisatorische Einbindung" diskutiert.

3. Anwendungsbereich; Umfang der abzudeckenden rechtlichen Regelungen und Vorgaben

Anknüpfend an den einleitenden Ausführungen zeigt die BaFin auf, welche rechtlichen Regelungen und Vorgaben in jedem Fall in den Anwendungsbereich der Compliance-Funktion fallen. Hierzu gehören zunächst die Vorgaben des WphG, die schon Gegenstand der MaComp sind, weiterhin die Vorgaben zur Vermeidung von Geldwäsche und Terrorismusfinanzierung; Vorgaben zur Vermeidung sonstiger strafbarer Handlungen (die zusammen mit den Vorgaben zur Geldwäscheprävention in § 25c KWG geregelt sind), Vorgaben zum Datenschutz sowie weitere Vorgaben zum Verbraucherschutz (z. B. zu Verbraucherkrediten, AGB, Zahlungsverkehr; oftmals außerhalb des Aufsichtsrechts geregelt). Demgegenüber lassen sich aus Sicht der BaFin rechtliche Regelungen und Vorgaben nennen, deren Einhaltung zwar nicht weniger zwingend ist, die jedoch nicht unbedingt einer Adressierung durch die Compliance-Funktion unterliegen müssen. In vielen Fällen handelt es sich dabei um nicht-branchenspezifisches Recht: Arbeitsrecht/Personalrecht, Lohn-/Einkommensteuerrecht etc. Eine Ausklammerung solcher Rechtsbereiche aus dem Tätigkeitsbereich der Compliance-Funktion erscheint vor dem Hintergrund des Regulierungszwecks – Vermeidung oder zumindest Verminderung von Compliance-Risiken im beschriebenen Sinn – grundsätzlich nachvollziehbar. Explizit weist die BaFin auch auf den Umgang von rechtlichen Regelungen und Vorgaben hin, die die Bereiche Risikocontrolling und Rechnungslegung/Finanzen betreffen. Gerade für diese Bereiche kann eine Compliance-Funktion auf spezialisiertes Wissen der fachlich zuständigen Einheiten zurückgreifen und aufbauen. Insofern erscheint es aus Sicht der BaFin plausibel, bei entsprechenden rechtlichen Regelungen und Vorgaben, die das Risikocontrolling (z. B. solche zur Risikotragfähigkeit, zu Risikocontrollingprozessen, zur (regulatorischen) Kapitalunterlegung) oder die Rechnungslegung (Bilanzrecht) betreffen, auf den Einschätzungen und Beurteilungen der jeweils zuständigen Einheiten aufzusetzen und auf eigene Aktivitäten der Compliance-Funktion (weitestgehend) zurückzustellen oder sogar im Wesentlichen zu verzichten.

Neben den rechtlichen Regelungen und Vorgaben, die zwingend von der Compliance-Funktion abzudecken sind, sind weitere Regelungen und Vorgaben, die von dieser aufgegriffen werden (sollen), letztendlich institutsindividuell zu identifizieren. Auf Fragen von Institutsvertretern, ob beispielsweise das Gesellschaftsrecht oder das Kartellrecht hierzu zu zählen haben, verweist die BaFin auf die Eigenverantwortlichkeit der Institute. Gleichzeitig macht die BaFin deutlich, dass eine vorgelagerte Bestandaufnahme/Risikoanalyse, die möglichst umfassend ausgestaltet ist und regelmäßig überprüft werden soll, in diesem Kontext von besonderer Bedeutung ist. Es besteht grundsätzlich Einigkeit, dass eine abschließende Aufzählung von Rechtsbereichen, die von der Compliance-Funktion zu adressieren sind und für alle Institute gleichermaßen zutreffend ist, nicht zielführend sein kann. Vielmehr ist die Thematik Compliance immer institutsindividuell vor dem Hintergrund der konkreten Geschäftsaktivitäten und der konkreten Märkte, auf dem sich das jeweilige Institut bewegt, zu sehen. Gleichermaßen wichtig ist jedoch auch eine möglichst umfassende Betrachtung aller Bereiche, um mögliche Compliance-Risiken zu identifizieren – dies betrifft grundsätzlich auch Rechtsbereiche, die später wieder aus dem Tätigkeitsfeld der Compliance-Funktion ausgeklammert werden.

4. Aufgaben der Compliance-Funktion

Aus der allgemeinen Aufgabe der Compliance-Funktion – des Hinwirkens auf die Implementierung wirksamer Verfahren zur Einhaltung der für das Institut wesentlichen rechtlichen Regelungen und Vorgaben und entsprechender Kontrollen – sowie der unmittelbaren Anbindung dieser Funktion an die Geschäftsleitung lassen sich aus Sicht der BaFin bestimmte konkrete Aufgaben ableiten. Zunächst wird damit deutlich, dass der Fokus nicht ausschließlich auf neuen Regelungen, sondern auch auf schon bestehenden liegt. Daher muss die Compliance-Funktion nicht nur Neuregelungen im Auge haben, sondern auch die Rechtsprechung im Rahmen bestehender rechtlicher Regelungen und Vorgaben verfolgen, sofern diese Auswirkungen für das Institut haben könnte. Die Diskussion ergab, dass bei der Identifizierung von Handlungsbedarf aus Compliance-Sicht umfangreiche Unterstützungsleistungen aus den jeweiligen Fachbereichen und den Rechtsabteilungen der Institute geleistet werden. In Einzelfällen werden offenbar auch Projektteams gebildet, die sich aus unterschiedlichen Bereichen zusammensetzen (auch aus der Compliance-Funktion) und einzelne Themen, die sich aus Neuregelungen oder veränderter Rechtsprechung ergeben, sukzessive abarbeiten. Verbundangehörigen Institute werden bei der Informationsgewinnung zu Änderungen des rechtlichen Umfelds der Institute zusätzlich von den jeweiligen Verbänden unterstützt.

Die BaFin stellt klar, dass die Implementierung von wirksamen Verfahren zur Einhaltung wesentlicher gesetzlicher Regelungen und Vorgaben in der Verantwortung der jeweils betroffenen Fachbereiche liegt und nicht automatisch bei der Compliance-Funktion. Diese wiederum hat darauf zu achten, dass die betroffenen Fachbereiche ihrer Verantwortung auch tatsächlich nachkommen und dass keine Rechtsbereiche bestehen, in denen zwar

Handlungsbedarf besteht, die mangels eindeutiger Zuständigkeiten jedoch gewissermaßen „brach liegen". So gesehen hat die Compliance-Funktion auch einen schwerpunktmäßig koordinierenden Charakter und – als Ausdruck der direkten Anbindung an die Geschäftsleitung – eine beratende Funktion gegenüber der Geschäftsleitung, welche auch weiterhin die Letztverantwortung für die Einhaltung rechtlicher Regelungen und Vorgaben im Institut trägt. Besonderheiten, die sich für bestimmte Rechtsbereiche aus spezialgesetzlichen Vorgaben ergeben können, bleiben jedoch unberührt. Dies ist schon in der Endfassung der neugefassten MaRisk ausdrücklich klargestellt. So weist die BaFin auf die Frage, inwieweit die Compliance-Funktion Überwachungshandlungen vorzunehmen hat, auf entsprechenden Vorgaben z. B. der MaComp hin, die mit Blick auf die WphG-Compliance explizit einen Überwachungsplan fordern und damit entsprechende Überwachungshandlungen erwarten. Auch unter MaRisk-Gesichtspunkten hält es die BaFin für erforderlich, dass die Compliance-Funktion Kontrollhandlungen zumindest durchführen können muss und insoweit auch entsprechende Kontrollrechte eingeräumt bekommt. Der tatsächliche Umfang vorzunehmender Kontrollhandlungen wird von BaFin-Seite nicht vorgegeben, sondern verbleibt in der Eigenverantwortung der Institute. Auch die Frage nach möglicherweise erforderlichen Weisungsrechten lässt sich nicht abschließend beantworten. Grundsätzlich erwartet die BaFin nicht, dass der Compliance-Funktion umfassende Weisungsrechte gegenüber den Fachbereichen eingeräumt werden, da sie eine „Eskalation" bei Mängeln in den Kontrollprozessen im Regelfall durch eine (Ad-hoc-)Berichterstattung an die Geschäftsleitung für zielführend erachtet. Dabei ist jedoch zu beachten, dass nach der spezialgesetzlichen Norm des § 25c KWG der Geldwäschebeauftragte mit einem solchen Weisungsrecht auszustatten ist, soweit geldwäscherelevante Fragen betroffen sind.

5. Organisatorische Einbindung

Die organisatorische Einbindung der Compliance Funktion wirft bei den Teilnehmern eine Reihe von Fragen auf, auf die die BaFin im Folgenden weiter eingeht. In der aufsichtlichen Praxis existieren bereits Vorgaben zur aufbauorganisatorischen Einbindung von Compliance-Einheiten (z. B. nach WphG/MaComp). Daher scheint es sowohl aus institutsinterner als auch aufsichtlicher Perspektive sinnvoll zu prüfen, inwieweit die Compliance-Funktion (nach MaRisk) in bereits bestehende Compliance-Strukturen integriert werden kann. Die Aufsicht hat daher bewusst in AT 4.4.2 Tz. 3 die Möglichkeit geschaffen, die Compliance-Funktion an andere Kontrolleinheiten anzubinden. Es ist unter Berücksichtigung des Proportionalitätsprinzips für kleinere Institute nicht notwendig, eine neue, eigenständige Stelle zu schaffen. Eine Einschränkung gilt jedoch für größere Institute – von diesen Instituten erwartet die Aufsicht, dass diese eine eigenständige Organisationseinheit für die Compliance implementieren. Dies entspricht im Allgemeinen aber schon heute der gängigen Praxis.

Die BaFin hat noch einmal betont, dass die Compliance-Funktion, unabhängig davon, ob es sich um eine separate Organisationseinheit handelt oder eine Anbindung an eine andere Kontrolleinheit erfolgt, unmittelbar der Geschäftsleitung zu unterstellen ist. Weiterhin ist sie der Geschäftsleitung berichtspflichtig. Aus diesem Grund kann die Compliance-Funktion nicht als untergeordnete Stelle in der organisatorischen Struktur des Instituts angesiedelt werden. Nur eine unmittelbare organisatorische Zuordnung zur Geschäftsleitung verschafft ihr das notwendige Gehör auf Geschäftsleiterebene und fördert dadurch ihre Funktionsfähigkeit.

Im Hinblick auf die Anbindung an bereits bestehende Kontrolleinheiten – mit Ausnahme der Internen Revision – sind durchaus verschiedene Konstellationen denkbar. Wichtig ist hierbei, dass die organisatorische Zuordnung zu einem vom Markt und Handel unabhängigen Bereich erfolgt und die Compliance-Funktion der Geschäftsleitung unmittelbar unterstellt ist. Beispielhaft ist eine Bündelung beim Geldwäschebeauftragten ebenso möglich wie eine Anbindung an das Risikocontrolling. Die Bedeutung der Risikocontrolling Funktion (AT 4.4.1) wurde im Rahmen der MaRisk Novelle 2012 dahingehend unterstrichen, dass die Risikocontrolling-Funktion von großen, international tätigen Instituten von einem Geschäftsleiter in exklusiver Weise wahrzunehmen ist. Die BaFin stellt klar, dass bei einer exklusiven Wahrnehmung der Risikocontrolling-Funktion durch einen Geschäftsleiter einer Zuordnung der Compliance-Funktion beim Risikocontrolling nichts entgegensteht.

Sollte ein Institut eine eigenständige zentrale Organisationseinheit für alle Compliance-Bereiche vorhalten, ergäbe sich daraus zwangsläufig eine Personalunion des Leiters Compliance mit denen des WphG-Compliance-Beauftragten sowie des Geldwäschebeauftragten. Eine solche Lösung, wie sie bereits in der Praxis vorzufinden ist, wird von der BaFin durchaus als zulässig angesehen. Weiterhin möglich ist jedoch auch eine dezentral aufgestellte Compliance-Funktion, bei der die Beauftragten nach WphG/MaComp, nach § 25c KWG (Geldwäsche und sonstige strafbare Handlungen) sowie der Geldwäschebeauftragte separat agieren. Die diesbezüglichen Vorgaben der spezialgesetzlichen Regelungen – insbesondere auch zur Berichterstattung – sind auch dabei weiterhin zu beachten. Besonderheiten können sich hinsichtlich des Datenschutzbeauftragten gemäß BDSG ergeben. Dieser hat in seiner Funktion u. a. darauf zu achten, dass den Grundsätzen der Datenvermeidung und Datensparsamkeit Rechnung getragen wird. Dies könnte zu Interessenkonflikten führen, sollte der Datenschutzbeauftragte in einer zentral aufgestellten Compliance-Funktion integriert werden.

6. Schlussbemerkungen

Die Diskussion im Fachgremium zeigt, dass die Thematik Compliance durchaus sehr unterschiedlich in den Instituten gehandhabt wird. Dies soll auch in Zukunft nicht per se in Frage gestellt werden, sofern die aufsichtlichen Vorgaben – auch auf Basis der speziellen aufsichtlichen Regelungen – weiterhin erfüllt werden. Aus den Diskussionen wird auch deutlich, dass unterschiedlichste Ansätze und Ausgestaltungen dem aufsichtlichen Ziel einer Stärkung der Compliance in den Instituten gleichermaßen gerecht werden können. Gerade im Hinblick auf die Ausgestaltung der Compliance-Funktion haben die Institute großen Gestaltungsspielraum, der aus Sicht der BaFin genutzt werden soll, um die schon vorhandenen Compliance-Vorkehrungen um noch nicht berücksichtigte Bereiche zu ergänzen und so die Anforderungen der MaRisk vollständig zu erfüllen. Dabei ist sich die BaFin im Klaren darüber, dass es auch in Zukunft keine einheitliche Vorgehensweise in der

Praxis geben muss und kann, da die Anforderungen sehr unterschiedlich mit Leben gefüllt werden können.

Anhang 5 EBA-Leitlinien zur Internen Governance (GL 44) vom 27. September 2011 (Auszug)

28. Compliance-Funktion

1. Ein Institut sollte eine Compliance-Funktion zur Steuerung seines Compliance-Risikos schaffen.
2. Ein Institut sollte eine Compliance-Richtlinie genehmigen und umsetzen, über die alle Mitarbeiter informiert werden sollten.

Erläuterung

Ein Compliance-Risiko (das definiert wird als bestehendes oder künftiges Ertrags- oder Kapitalrisiko infolge von Verletzungen oder der Nichteinhaltung von Gesetzen, Vorschriften, Rechtsvorschriften, Vereinbarungen, vorgeschriebenen Praktiken oder ethischen Standards) kann zu Geldstrafen, Schadenersatz und/oder zur Nichtigkeit von Verträgen führen und den Ruf eines Instituts schädigen.

3. Ein Institut sollte eine ständige und effektive Compliance-Funktion einrichten und eine Person benennen, die für diese Funktion im gesamten Institut sowie gruppenweit zuständig ist („Compliance-Beauftragte"). In kleineren und weniger komplexen Instituten kann diese Funktion auch mit der Risikocontrolling- oder mit den Unterstützungsfunktionen (z. B. Personal- oder Rechtsabteilung u. ä.) kombiniert oder von ihnen unterstützt werden.
4. Die Compliance-Funktion sollte gewährleisten, dass die Compliance-Richtlinien befolgt werden und dem Leitungsorgan sowie ggf. der RCF über die Steuerung von Compliance-Risiken durch das Institut Bericht erstatten. Die Ergebnisse der Compliance-Funktion sollten vom Leitungsorgan und der RCF bei Entscheidungsprozessen berücksichtigt werden.
5. Die Compliance-Funktion sollte das Leitungsorgan darüber informieren, welche Gesetze, Vorschriften, Rechtsvorschriften und Standards das Institut einhalten bzw. erfüllen muss, und die möglichen Auswirkungen von Änderungen im rechtlichen oder ordnungspolitischen Umfeld auf die Geschäftstätigkeit des Instituts bewerten.
6. Die Compliance-Funktion sollte ferner sicherstellen, dass neue Produkte (Neu-Produkt-Prozess) und neue Verfahren mit dem derzeitigen rechtlichen Umfeld sowie mit bekannten bevorstehenden Änderungen von Gesetzen, Rechtsvorschriften und aufsichtlichen Anforderungen in Einklang stehen.

Erläuterung

Ein besonderes Augenmerk ist dann erforderlich, wenn das Institut bestimmte Dienstleistungen erbringt oder im Namen seiner Kunden Strukturen schafft (z. B., wenn es als Vermittler bei der Gründung von Unternehmen oder Partnerschaften auftritt, Treuhanddienste anbietet oder komplex strukturierte Geldgeschäfte für Kunden entwickelt), die die Interne Governance vor besondere Herausforderungen stellen und mit aufsichtsrechtlichen Problemen einhergehen können.

Anhang 6 EBA-Leitlinien zur Internen Governance – (GL 11) vom 15. März 2017 (Auszug)

21. Compliance Funktion

187. Die Institute sollten eine ständige und wirksame Compliance-Funktion für die Steuerung von Compliance-Risiken einrichten und eine Person benennen, die für diese Funktion im gesamten Institut zuständig ist (Compliance-Beauftragter oder Leiter der Compliance-Funktion).

188. Wenn es unter Berücksichtigung des Grundsatzes der Verhältnismäßigkeit nach den Ausführungen in Titel I unverhältnismäßig ist, eine Person zu benennen, die ausschließlich die Aufgaben des Leiters der Compliance-Funktion wahrnimmt, kann diese Funktion mit der Rolle des Leiters der Risikomanagementfunktion kombiniert werden oder von einer anderen leitenden Person (z. B. Leiter der Rechtsabteilung) wahrgenommen werden, sofern kein Interessenkonflikt zwischen den kombinierten Funktionen besteht.

189. Die Compliance-Funktion, einschließlich des Leiters der Compliance-Funktion, sollten unabhängig von den Geschäftsbereichen und internen Einheiten sein, die sie kontrollieren, und über ausreichende Befugnisse, Gewicht und Ressourcen verfügen. Unter Berücksichtigung der in Titel I aufgeführten Kriterien für die Verhältnismäßigkeit kann diese Funktion von der Risikomanagementfunktion unterstützt oder mit der Risikomanagementfunktion oder anderen geeigneten Funktionen, z. B. der Rechts- oder Personalabteilung, kombiniert werden.

190. Die Mitarbeiter der Compliance-Funktion sollten über ausreichende Kenntnisse, Fähigkeiten und Erfahrungen im Bereich Compliance und in den einschlägigen Verfahren verfügen sowie Zugang zu regelmäßigen Weiterbildungen haben.

191. Das Leitungsorgan in seiner Aufsichtsfunktion sollte die Umsetzung gut dokumentierter Compliance-Richtlinien überwachen, die allen Mitarbeitern kommuniziert werden sollten. Die Institute sollten einen Prozess einrichten, um Änderungen der für ihre Tätigkeiten geltenden Gesetze und Rechtsvorschriften regelmäßig zu bewerten.

192. Die Compliance-Funktion sollte das Leitungsorgan zu den Maßnahmen beraten, die ergriffen werden sollten, um die Einhaltung der einschlägigen Gesetze, Regelungen, Verordnungen und Standards sicherzustellen, und die möglichen Auswirkungen von Änderungen im rechtlichen oder regulatorischen Umfeld auf die Geschäftstätigkeit des Instituts und das Compliance-Rahmenwerk bewerten.

193. Die Compliance-Funktion sollte sicherstellen, dass die Überwachung der Compliance im Rahmen eines

strukturierten und genau definierten Compliance-Überwachungsprogramms erfolgt und die Compliance-Richtlinien eingehalten werden. Die Compliance-Funktion sollte dem Leitungsorgan Bericht erstatten und gegebenenfalls mit der Risikomanagementfunktion über das Compliance-Risiko des Instituts und seine Steuerung kommunizieren. Die Compliance-Funktion und die Risikomanagementfunktion sollten zusammenarbeiten und, sofern angemessen, Informationen austauschen, um ihre jeweiligen Aufgaben wahrzunehmen. Den Feststellungen der Compliance-Funktion sollten das Leitungsorgan und die Risikomanagementfunktion bei Entscheidungsprozessen Rechnung tragen.

194. In Einklang mit Abschnitt 18 dieser Leitlinien sollte die Compliance-Funktion zudem in enger Zusammenarbeit mit der Risikomanagementfunktion und der für Rechtsfragen zuständigen Einheit überprüfen, ob neue Produkte und neue Verfahren mit dem aktuellen Rechtsrahmen und gegebenenfalls mit bekannten bevorstehenden Änderungen von Gesetzen, Rechtsvorschriften und aufsichtlichen Anforderungen in Einklang stehen.

195. Die Institute sollten angemessene Maßnahmen gegen interne oder externe betrügerische Handlungen und Disziplinarvergehen (z. B. Verletzung interner Verfahren, Überschreitung von Limiten) ergreifen.

196. Die Institute sollten dafür Sorge tragen, dass ihre Tochtergesellschaften und Zweigstellen Maßnahmen ergreifen, um sicherzustellen, dass ihre Tätigkeiten den regionalen Gesetzen und Rechtsvorschriften entsprechen. Sofern regionale Gesetze und Rechtsvorschriften der Anwendung strengerer Verfahren und Compliance-Systeme, die von der Gruppe eingeführt wurden, im Wege stehen, insbesondere wenn sie die Offenlegung und den Austausch erforderlicher Informationen zwischen Einheiten innerhalb der Gruppe behindern, sollten die Tochtergesellschaften und Zweigniederlassungen den Compliance-Beauftragten bzw. Leiter der Compliance-Funktion des konsolidierenden Instituts unterrichten.

Anhang 7 BCBS, Guidelines Corporate governance principles for banks, Juli 2015 (Auszug)

Principle 9: Compliance

The bank's board of directors is responsible for overseeing the management of the bank's compliance risk. The board should establish a compliance function and approve the bank's policies and processes for identifying, assessing, monitoring and reporting and advising on compliance risk.

132. An independent compliance function is a key component of the bank's second line of defence. This function is responsible for, among other things, ensuring that the bank operates with integrity and in compliance with applicable, laws, regulations and internal policies.

133. The bank's senior management is responsible for establishing a compliance policy that contains the basic principles to be approved by the board and explains the main processes by which compliance risks are to be identified and managed through all levels of the organisation.

134. While the board and management are accountable for the bank's compliance, the compliance function has an important role in supporting corporate values, policies and processes that help ensure that the bank acts responsibly and fulfils all applicable obligations.

135. The compliance function should advise the board and senior management on the bank's compliance with applicable laws, rules and standards and keep them informed of developments in the area. It should also help educate staff about compliance issues, act as a contact point within the bank for compliance queries from staff members, and provide guidance to staff on the appropriate implementation of applicable laws, rules and standards in the form of policies and procedures and other documents such as compliance manuals, internal codes of conduct and practice guidelines.

136. The compliance function is independent from management to avoid undue influence or obstacles as that function performs its duties. The compliance function should directly report to the board, as appropriate, on the bank's efforts in the above areas and on how the bank is managing its compliance risk.

137. To be effective, the compliance function must have sufficient authority, stature, independence, resources and access to the board. Management should respect the independent duties of the compliance function and not interfere with their fulfilment. As previously noted, there should be no "dual hatting" by the head of the compliance function.

Anhang 8 Arbeitshilfen

8.1 Jahres-Musterbericht der MaRisk-Compliance-Funktion

Empfänger:	**Geschäftsleitung**
Kopie:	**Aufsichts-/Verwaltungsrat**
	Interne Revision

Jahres-Musterbericht der MaRisk-Compliance-Funktion

I. Einführung

Nach AT 4.4.2 Tz. 7 MaRisk gehört es zur Aufgabe einer Compliance-Funktion, mindestens jährlich sowie anlassbezogen der Geschäftsleitung über ihre Tätigkeit Bericht zu erstatten. In dem Bericht ist auf die Angemessenheit und Wirksamkeit der Regelungen zur Einhaltung der wesentlichen rechtlichen Regelungen und Vorgaben einzugehen. Darüber muss der Bericht auch Angaben zu möglichen Defiziten und Maßnahmen zu deren Behebung enthalten.

Der vorliegende Bericht wird – aufgrund der Anforderungen von AT 4.4.2 Tz. 7 MaRisk – neben der Geschäftsleitung auch an den Aufsichts- bzw. Verwaltungsrat und die Interne Revision des Instituts weitergeleitet.

Etwaige Berichte spezifischer Compliance-Funktionen (z. B. WpHG, Geldwäsche) gehen der Geschäftsleitung ggf. gesondert zu.[1]

II. Anlass der Erstellung des Berichts

Bei dem vorliegenden Bericht handelt es sich um den regelmäßigen jährlichen Bericht für das Jahr 20*XX*[2] zur Information der Geschäftsleitung.

---

1 Ggf. können Berichte auch gesammelt an die Geschäftsleitung weitergegeben werden.

2 Vom Institut Jahreszahl individuell zu ergänzen.

III. Zusammenfassende Feststellung (Fazit)

Zusammenfassend ergeben sich folgende Feststellungen:[1]

IV. Allgemeine Punkte

Die mit MaRisk-Compliance-Aufgaben betrauten Mitarbeiter und ihre konkreten Aufgaben sind in der MaRisk-Compliance-Richtlinie __________[2] der Bank umfassend geregelt. Diese wird bei Bedarf zeitnah aktualisiert.

Im Berichtszeitraum waren _____[3] Mitarbeiter mit der Erfüllung von MaRisk-Compliance-Aufgaben befasst.

Die MaRisk-Compliance-Mitarbeiter hatten jederzeit ein uneingeschränktes Auskunfts-, Einsichts- und Zugangsrecht zu allen für ihre Tätigkeiten relevanten Informationen.

Die Personal- und Sachausstattung der MaRisk-Compliance-Funktion wurde von der Internen Revision im Bericht vom _____ (für den Prüfungszeitraum ...) und/oder externen Revision im Bericht vom _______ als angemessen bewertet.[4]

V. Bestandsaufnahme wesentlicher bzw. unwesentlicher rechtlicher Regelungen und Vorgaben (Analyse „Gefährdungspotenzial")

Im Berichtszeitraum wurden die aus der Anlage (Bestandsaufnahme) zu diesem Bericht ersichtlichen rechtlichen Regelungen und Vorgaben als wesentlich bzw. unwesentlich für Zwecke der MaRisk-Compliance eingestuft. Die Bestandsaufnahme wurde am ______[5]

1 Vom Institut individuell auszufüllen (z. B. „Die Anforderungen an die MaRisk-Compliance-Funktion gemäß MaRisk AT4.4.2 wurden erfüllt/... nicht erfüllt, da insbesondere ____ (Angabe zu Mängeln). Die von der Bank getroffenen organisatorischen Vorkehrungen zur Einhaltung der Verpflichtungen gemäß AT 4.4.2 der MaRisk, durch die Bank und ihre Mitarbeiter sind aus heutiger Sicht angemessen und wirksam/... nicht angemessen und wirksam, da _________ (Begründung). Bei Verstößen wurden zeitnah geeignete Maßnahmen ergriffen./Es lagen keine Verstöße vor.").

2 Vom Institut individuell auszufüllen (Bezeichnung der organisatorischen Grundlage).

3 Vom Institut individuell auszufüllen.

4 Absatz vom Institut individuell zu gestalten.

5 Vom Institut individuell zu auszufüllen, z. B. „TT.MM.JJJJ im Rahmen der jährlichen Überprüfung/anlassbezogen".

aktualisiert. Die als wesentlich eingestuften Regelungen samt der jeweiligen Begründung können der als Anlage beigefügten Bestandsaufnahme entnommen werden.

Dabei haben sich gegenüber der Einstufung des letzten Berichts folgende wesentliche Änderungen oder Ergänzungen ergeben (wegen der Begründung vgl. im Einzelnen die Anlage):[1]

VI. Im Institut bestehende Vorkehrungen zur Sicherstellung der Einhaltung wesentlicher rechtlicher Regelungen und Vorgaben

Im Institut bestehen zurzeit folgende Maßnahmen zur Sicherstellung der Einhaltung wesentlicher rechtlicher Regelungen und Vorgaben:

- Information über rechtliche Änderungen und deren Umsetzungsdaten durch Rundschreiben des BVR, des zuständigen Regional- und Prüfungsverbandes,____________________[2]
- Bestehen einer institutsintern verantwortlichen Stelle [z. B. MaRisk-Compliance-Funktion, Vorstand, Vorstandsstab][3] zur Verteilung der Rundschreiben an die im Institut verantwortliche Stelle.
- Einsatz jeweils aktueller Geschäftsbedingungen, Formulare, Musterverträge, Arbeitsanweisungen die von Gremien des BVR, der Prüfungsverbände, __________________[4] erstellt und aktuell gehalten werden.
- Verwendung eines agree21-EFW-Abonnements zum Erhalt neuer und aktualisierter Formulare.
- Beobachtung und Umsetzung relevanter rechtlicher Regelungen und Vorgaben durch spezifische Compliance-Funktionen, namentlich WpHG-Compliance-Beauftragten, Geldwäsche-Beauftragten bzw. Zentrale Stelle, Datenschutzbeauftragten und darü-

---

1 Vom Institut individuell auszufüllen.

2 Vom Institut individuell auszufüllen.

3 Vom Institut individuell auszufüllen.

4 Vom Institut individuell auszufüllen.

ber hinaus durch Risikocontrolling, interne oder externe Rechtsstelle[1] sowie übrige Geschäftsbereiche.

▷ Teilnahme von Mitarbeitern an externen Fort- und Weiterbildungen, Schulungen und Veranstaltungen zu aktuell anstehenden Themen aus den jeweiligen Geschäftsbereichen.

▷ Einbindung der Compliance-Funktion im Rahmen ihrer Aufgaben in den Neu-Produkt-Prozess (AT 8.1 Tz. 5 MaRisk) sowie bei Änderungen betrieblicher Prozesse und Strukturen (AT 8.2 Tz. 1 MaRisk) und in die Erstellung neuer Arbeitsanweisungen.

▷ ______________________[2] (z. B. im Institut vorhandene Arbeitsanweisungen mit entsprechenden Berichtspflichten gegenüber der Geschäftsleitung über fristgerechte Umsetzung neuer rechtlicher Regelungen; bestehende interne Kompetenzzuweisungen; bestehende Kontrollmechanismen; Informationspflichten über rechtliche Änderungen, Projekte, erfolgte Umsetzungen an MaRisk-Compliance-Beauftragten; führen einer Liste mit bestehenden und anstehenden rechtlichen Regelungen und Vorgaben sowie deren Umsetzungsstand; Auswertung von Berichten der Internen Revision, Schadenfall- und Beschwerdedatenbanken).

VII. Bewertung der Angemessenheit und Wirksamkeit der vorhandenen Vorkehrungen und etwaiger zur Behebung von Defiziten ergriffenen Maßnahmen

Die Compliance-Funktion hat sich insbesondere unter Berücksichtigung der vorhandenen Vorkehrungen im Institut bewährt, auf Grundlage von Rückläufen aus den betroffenen Geschäftsbereichen und mit diesen geführter Gespräche, der Einsicht in die institutsinterne Schadensfalldatenbank, das Beschwerderegister und Berichte der Internen Revision, Teilnahme am NPP-Prozess, der Einbindung in die Erstellung neuer Arbeitsanweisungen sowie durchgeführter Überwachungshandlungen ein umfassendes Bild über die Angemessenheit und Wirksamkeit vorhandener Vorkehrungen und etwaiger Defizite machen zu können.[3]

Unter Berücksichtigung von Proportionalitätserwägungen, insbesondere Art, Umfang, Komplexität und Risikogehalt der vom Institut betriebenen Geschäfte sind

☐[4] die oben unter V. aufgelisteten vorhandenen Vorkehrungen aus Sicht der Compliance-Funktion auch mit Blick auf die Zukunft als angemessen und wirksam anzusehen. Dabei kommt insbesondere der Ausprägung des arbeitsteiligen Verbundes eine hervorgehobene Bedeutung im Rahmen der Identifizierung vorhandener und neuer wesentlicher rechtlicher Regelungen und Vorgaben, den daraus abzuleitenden Änderungsbedürfnissen und

1 Vom Institut individuell auszufüllen.

2 Vom Institut individuell auszufüllen.

3 Absatz ist vom Institut je nach erfolgten Prozessen individuell zu formulieren.

4 Vom Institut individuell auszuwählen.

der Umsetzung von Änderungsbedarf in Geschäftsbedingungen, Formularen und Verträgen zu.

☐[1] wegen ____________________________[2] folgende Verbesserungen und Ergänzungen der vorhandenen Vorkehrungen vorgenommen und Maßnahmen getroffen worden bzw. sind vorzunehmen und zu treffen:[3]

____

____

____

VIII. Unterstützung und Beratung der Geschäftsleitung

Im Rahmen der frühzeitigen Einbindung in die Weiterentwicklung der Organisations-Richtlinien sowie in Prozesse (z. B. Erschließung neuer Geschäftsfelder, Aufnahme neuer Produkte) war der MaRisk-Compliance-Beauftragte im Berichtszeitraum in folgende Projekte mit eingebunden:[4]

____

____

____

Darüber hinaus erfolgte eine fortlaufende Unterstützung und Beratung der Fachabteilungen bei der Implementierung konkreter Verfahren zur Risikoreduzierung.

---

1 Vom Institut individuell auszuwählen.

2 Vom Institut individuell auszufüllen, z. B. wiederholte Nichteinhaltung wesentlicher rechtlicher Regelungen und Vorgaben aufgrund von Defiziten bestehender Verfahren bzw. Vorkehrungen zu deren Einhaltung; die nicht, nicht richtige oder nicht vollständige Umsetzung wesentlicher rechtlicher Vorgaben oder von Änderungen solcher Regelungen und Vorgaben aufgrund von Defiziten bestehender Verfahren bzw. Vorkehrungen; die nicht fristgemäße Umsetzung wesentlicher rechtlicher Regelungen und Vorgaben aufgrund von Defiziten bestehender Verfahren bzw. Vorkehrungen; die Einführung neuer interner Prozesse mit möglichen negativen Auswirkungen auf die Verfahren bzw. Vorkehrungen zur Einhaltung wesentlicher rechtlicher Regelungen und Vorgaben; die unterschiedliche Bewertung zwischen Compliance-Funktion und Geschäftsbereich über einen der vorstehenden Punkte.

3 Vom Institut individuell auszufüllen und zu begründen.

4 Vom Institut individuell auszufüllen.

IX. Mitarbeiterwechsel

Im Berichtszeitraum[1]

☐ gab es keinen Wechsel von Mitarbeitern der Handels- oder Marktbereiche in die MaRisk-Compliance-Funktion.

☐ gab es Wechsel von Mitarbeitern der Handels- oder Marktbereiche in die MaRisk-Compliance-Funktion, wobei eine Übergangsfrist nach AT 4.3.1 Tz. 1 gewahrt wurde.

☐ gab es Wechsel von Mitarbeitern der Handels- oder Marktbereiche in die MaRisk-Compliance-Funktion, wobei von der Wahrung einer Übergangsfrist nach AT 4.3.1 Tz. 1 abgesehen wurde, da[2]

____

____

____

X. Dokumentationserfordernis

Geschäftsleitung, Aufsichts- bzw. Verwaltungsrat und Interne Revision werden um Kenntnisnahme des Berichts ersucht. Aus Dokumentationsgründen erbittet die MaRisk-Compliance-Funktion um den Erhalt einer Bestätigung der Kenntnisnahme.

____________________	____________________
(Ort/Datum)	(MaRisk-Compliance-Beauftragter)

1 Bitte ankreuzen.

2 Die Erläuterungen der BaFin zu AT 4.3.1 Tz. 1 MaRisk führen aus: „Sofern die Übergangsfristen zu einer unverhältnismäßigen Verzögerung im Betriebsablauf führen, können kleinere, weniger komplexe Institute abweichend hiervon alternative angemessene Kontrollmechanismen einrichten." Vor diesem Hintergrund könnte man bei der dritten Ankreuzalternative etwa ausführen „... wurde, da aus Proportionalitätsgründen von der Ausnahmemöglichkeit in AT 4.3.1 Tz. 1 MaRisk Gebrauch gemacht wird. Etwaige Tätigkeiten (Maßnahmen, Kontrollhandlungen etc.) des in die MaRisk-Compliance-Funktion gewechselten Mitarbeiters, die den Zeitraum seiner Tätigkeit im Markt- und Handelsbereich betreffen, sind dabei mit seinem Vorgesetzten abzustimmen."

8.2 Ad-hoc-Musterbericht der MaRisk-Compliance-Funktion

Empfänger:	**Geschäftsleitung**
Kopie:	**Aufsichts-/Verwaltungsrat**
	Interne Revision

Ad-hoc-Musterbericht der MaRisk-Compliance-Funktion

I. Einführung

Gemäß § 25a Abs. 1 Satz 3 Nr. 3 lit. c) KWG umfasst die ordnungsgemäße Geschäftsorganisation eines Instituts insbesondere ein angemessenes und wirksames Risikomanagement, auf dessen Basis ein Institut die Risikotragfähigkeit laufend sicherzustellen hat. Zu einem derartigen Risikomanagement zählt danach u. a. die Einrichtung interner Kontrollverfahren mit einem internen Kontrollsystem, welches insbesondere eine Compliance-Funktion zu beinhalten hat.

Nach AT 4.4.2 Tz. 7 MaRisk gehört es dabei auch zur Aufgabe einer Compliance-Funktion, soweit erforderlich, anlassbezogen der Geschäftsleitung über ihre Tätigkeit Bericht zu erstatten. In dem Bericht ist auf die Angemessenheit und Wirksamkeit der Regelungen zur Einhaltung der wesentlichen rechtlichen Regelungen und Vorgaben einzugehen. Darüber muss der Bericht auch Angaben zu möglichen Defiziten und Maßnahmen zu deren Behebung enthalten.

Der vorliegende Bericht wird – aufgrund der Anforderungen von AT 4.4.2 Tz. 7 MaRisk – neben der Geschäftsleitung auch an den Aufsichts- bzw. Verwaltungsrat und die Interne Revision des Instituts weitergeleitet.

II. Anlass der Erstellung des Berichts

Bei dem vorliegenden Bericht handelt es sich um einen anlassbezogenen Bericht zur Information der Geschäftsleitung.

III. Zusammenfassende Feststellung

Zusammenfassend ergeben sich folgende Feststellungen:[1]

1 Vom Institut individuell auszufüllen.

IV. Gründe und Sachverhalt des Ad-hoc-Bericht

Anlass der Ad-hoc-Berichterstattung sind insbesondere folgende Gründe bzw. Sachverhalte:[1]

- ☐ die (wiederholte) Nichteinhaltung wesentlicher rechtlicher Regelungen und Vorgaben aufgrund von Defiziten bestehender Verfahren bzw. Vorkehrungen zu deren Einhaltung:
- ☐ die nicht, nicht richtige oder nicht vollständige Umsetzung wesentlicher rechtlicher Vorgaben oder von Änderungen solcher Regelungen und Vorgaben aufgrund von Defiziten bestehender Verfahren bzw. Vorkehrungen:
- ☐ die nicht fristgemäße Umsetzung wesentlicher rechtlicher Regelungen und Vorgaben aufgrund von Defiziten bestehender Verfahren bzw. Vorkehrungen:
- ☐ Einführung neuer interner Prozesse mit möglichen negativen Auswirkungen auf die Verfahren bzw. Vorkehrungen zur Einhaltung wesentlicher rechtlicher Regelungen und Vorgaben, nämlich:
- ☐ die unterschiedliche Bewertung zwischen Compliance-Funktion und Geschäftsbereich über einen der vorstehenden Punkte:
- ☐ eine sonstige MaRisk-Compliance-relevante Feststellung:
- ☐ Die dargestellten Gründe des Ad-hoc-Berichts und die diesen zugrunde liegenden Sachverhalte machen nach Auffassung der MaRisk-Compliance-Funktion folgende Maßnahmen bzw. zusätzlichen Vorkehrungen zur Einhaltung wesentlicher rechtlicher Regelungen und Vorgaben erforderlich:[2]

1 Vom Institut Grund des Ad-hoc-Berichts auszuwählen und Sachverhalt individuell zu schildern.

2 Vom Institut individuell auszuwählen und zu begründen (Alternativverhältnis zu Fußnote 4).

☐ Trotz der vorstehenden Sachverhalte und der dazu getroffenen Feststellungen waren über die bereits bestehenden Vorkehrungen zur Einhaltung wesentlicher rechtlicher Regelungen und Vorgaben keine weiteren Maßnahmen notwendig, da[1]

____

____

____

V. Dokumentationserfordernis

Geschäftsleitung, Aufsichts- bzw. Verwaltungsrat und Interne Revision werden um Kenntnisnahme des Berichts ersucht. Aus Dokumentationsgründen erbittet die MaRisk-Compliance-Funktion um den Erhalt einer Bestätigung der Kenntnisnahme.

______________________	______________________
(Ort/Datum)	(MaRisk-Compliance-Beauftragter)

1 Vom Institut individuell auszuwählen und zu begründen (Alternativverhältnis zu Fußnote 3).

Literaturverzeichnis

Achtelik: Die neuen Compliance-Regelungen in den MaRisk, BI 12/2012, S. 30 ff.

BaFin: Protokoll zur Sitzung des FG MaRisk am 24. April 2013 in Bonn

BaFin: Anschreiben an die Verbände der Kreditwirtschaft zur Veröffentlichung der Endfassung der MaRisk-Novelle 2012 vom 14. Dezember 2012

BCBS: Compliance and the compliance function in banks, April 2005

BCBS: Implementation of the compliance principles, August 2008

BCBS: Guidelines Corporate governance principles for banks, Juli 2015

Buchmüller: Systematisches Monitoring aufsichtsrechtlicher Änderungen, Banken-Times 2013, S. 2 f

Büll: MaRisk-Compliance & IKS: MaRisk-Entwurf 6.0 bietet weiterhin (unnötige) Unsicherheiten, Banken-Times Spezial Geschäftsleitung 2016, S. 24

EBA: Final Report Guidelines on internal governance under Directive 2013/36/EU vom 26. September 2017 – EBA/GL/2017/11

EBA: Leitlinien zur Internen Governance (GL 44) vom 27. September 2011

Helfer: Praktikables Prozessmanagement-Modell, BankPraktiker 2013, S. 477 ff.

Kotsougianis/Voss: Konzern-Compliance gemäß MaRisk, diebank 3.2015, S. 39 ff.

Lindner/Schroeren: Neueste Entwicklungen von Compliance in Banken durch die 4. MaRisk-Novelle, ZfgK 2013, S. 766 ff.

Meyer im Hagen: Abgrenzung zwischen der Tätigkeit der neuen Compliance-Funktion nach MaRisk und der Internen Revision, BankPraktiker 2013, S. 259 ff.

Renz/Rohe: MaRisk und MaComp: Die neue Compliance-Organisation in Banken, diebank 3.2014, S. 39 ff.

Stränger: Umfang und Tiefe von Kontrolltests durch die Compliance-Funktion, Banken-Times Klassik, Ausgabe März 2017, S. 14 f.

Stränger: Umfang und Tiefe von Kontrolltests durch die Compliance-Funktion, Banken-Times Spezial Geschäftsleitung 2016, S. 14 f.

Voss/Büll/Boldt: Die neue Compliance-Funktion gemäß MaRisk, diebank 1.2014, S. 52 ff.